林春　李重申　张有　著

HEXI WEIJIN SHILIUGUO MUZANG BIHUAZHUAN TIYU YANJIU

河西魏晋十六国墓葬壁画砖体育研究

读者出版传媒股份有限公司
甘肃教育出版社

图书在版编目（CIP）数据

河西魏晋十六国墓葬壁画砖体育研究 / 林春，李重申，张有著. -- 兰州 : 甘肃教育出版社，2021.11
ISBN 978-7-5423-5130-2

Ⅰ. ①河… Ⅱ. ①林… ②李… ③张… Ⅲ. ①体育运动史—研究—甘肃—魏晋南北朝时代 Ⅳ. ①G812.935

中国版本图书馆 CIP 数据核字(2021)第 122154 号

河西魏晋十六国墓葬壁画砖体育研究

HEXI WEIJINSHILIUGUO MUZANG BIHUA ZHUAN TIYUYANJIU

林春 李重申 张有 著

责任编辑 董宏强
助理编辑 杨增贵 张福英
封面设计 石 璞
内文设计 方 圆

出 版 甘肃教育出版社
社 址 兰州市读者大道 568 号 730030
网 址 www.gseph.cn E-mail gseph@duzhe.cn
电 话 0931-8436105（编辑部） 0931-8773056(发行部)
传 真 0931-8773056
淘宝官方旗舰店 http://shop111038270. taobao.com

发 行 甘肃教育出版社 印 刷 山东新华印务有限公司
开 本 787 毫米 × 1092 毫米 1/16 印 张 16.25 插 页 4 字 数 265 千
版 次 2021 年 11 月第 1 版
印 次 2021 年 11 月第 1 次印刷
书 号 ISBN 978-7-5423-5130-2 定 价 138.00 元

图书若有破损、缺页可随时与印厂联系：0531-82079130

目录

引论

一、甘肃河西魏晋十六国墓葬体育壁画砖的发现 005
二、研究意义 012
三、研究目的 012
四、研究内容及方法 023
五、魏晋十六国墓葬体育壁画砖研究回顾 025

第一章
魏晋十六国墓葬体育彩绘砖画的形制与空间分布

第一节 墓葬形制与分期 029
第二节 墓葬空间分布 049
第三节 墓葬制度与生死观 057

第二章
河西魏晋十六国墓葬体育壁画题材

第一节 墓葬体育壁画题材分类 063
第二节 墓葬壁画中的体育百态 069
第三节 魏晋社会生活中的体育基因 071

第三章
河西魏晋十六国墓葬体育壁画的阐释

第一节 魏晋人的精神世界及游戏、娱乐、竞技与养生情结 077

CONTENTS

第二节 魏晋十六国墓葬体育彩绘砖画的图像阐释 078
第三节 魏晋十六国墓葬体育壁画与审美艺术 188

第四章
魏晋人在征服自然中追求长生

第一节 魏晋南北朝的养生观念 213
第二节 魏晋十六国诸家的养生术 219
第三节 魏晋十六国的休闲养生 223

第五章
丝绸之路上的胡风对河西魏晋人的影响

第一节 魏晋时期的五胡十六国 227
第二节 胡汉文化的相互渗透 229
第三节 胡汉体育文化的传播与交流 231

结语 251
后记 253

引论

魏晋十六国墓葬体育彩绘砖画的探索、研究

河西魏晋十六国墓葬体育彩绘壁画砖用特殊的情感纽带联系着死者和生者，直观显现着人对死后情景的想象。墓内所绘的体育彩绘砖画图像，其根本目的是将人生前喜爱的游戏、娱乐与竞技等美好感觉在生的过程中持续，也试图在死后延续。而我们借助考古发现，以墓葬中的游戏、娱乐与竞技图像为线索来进行探索、研究。

追溯人类在地球上留下的最初足迹，我们便可以进入一个原始体育时代。大约从旧石器时代开始，在变幻莫测的自然环境中，人类不时显现出疑惑、惊恐和怯懦。人类不断地遭受到自然环境带来的各种威胁，于是，人类不得不从原始思维中想象出的幻影——神鬼妖魔中去寻求慰藉、寄托希望。包括图腾崇拜、祭祀仪式和原始神话在内的原始宗教意识便是在人类同大自然的斗争中产生的。

原始人类将氏族与氏族之间、人与自然之间、人与兽之间的冲突演绎为最早的神话，如黄帝战蚩尤，正是原始人对部落冲突充满幻想色彩的记录。黄帝和蚩尤后来进入了人们祭祀和图腾崇拜的仪式中，最终发展成为角抵戏。司马迁《史记》载："蚩尤氏头有角，与黄帝斗，以角抵人，今冀州为蚩尤戏。"这也意味着，在祭祀仪式中，原始人带角相抵，不仅是祖先图腾崇拜感情的流露，而且是作为人对自身的旺盛生命力的一种显示和发泄。他们在一阵阵纵情的争斗角逐中，在酣畅淋漓的战斗中，享受到一种身体的冲突和生命的快感。被我们祖先最早称之为"戏"的"角抵"，就是这样孕育于生命，表现着生命的冲突。"角抵"之戏后来又逐步形成更为丰富的"百戏"，即中国古代的体育。

追溯起来，古代神话和仪式里反映出来的强烈的原始意识，首先对萌芽状态的原始体育的重要因子——角抵戏，产生了深刻而广泛的影响。也可以说，正是这种普遍存在于人类先祖头脑里的原始意识，决定了"角抵戏"之初就是人的一种精神需要，是人类生命的一种存在方式。

人类的生命和生命冲突在地球上是一种普遍的存在。因为，人类生命冲突的实践活动是实践的能动性与受动性二者的辩证统一，正如我们每一个人的生命既有"生"又有"命"，既有"作"又有"息"一样。能动性与受动性是我们人类实践活动不可或缺的两个取向和方面，从而使人类的生命状态不断得到改善。

人类生命中的实践活动，离不开通过身体训练的方式来培养"身体意识"，以使身体得以改良和完善，使人类固有的身体感觉得以自觉。而古人所创造的角抵、百戏、蹴鞠、马球、秋千、博弈、礼射、马术、举鼎、踏歌、舞蹈、武术等都是身体训练的良好方式，也是古人生活中的习俗和欢愉方式。

公元 220 年曹丕建立了魏朝，到公元 589 年隋文帝消灭陈朝，中国处于长达四百年的大分裂时期，统称魏晋南北朝。这个时期政治分裂，战争频繁，朝代不断更迭。尤其是汉帝国消亡以后，三国鼎立的格局持续了半个世纪之久。265 年，曹魏大臣司马炎仿效曹丕的伎俩，逼迫魏帝禅让，建立西晋。280 年晋军以强大的军事力量扫荡了孙吴政权，统一了中国。316 年，匈奴人攻破了长安城，晋愍帝投降。西晋灭亡，中国又陷入了长期分裂的格局。接下来，中国便进入了南北朝十六国时代。420 年以后，宋、齐、梁、陈相继建都南京，统称南朝。439 年，北魏重新统一北方，战乱局面才算结束。535 年，北魏政权分裂为东魏和西魏。557 年，西魏被废，建立了北周。581 年，北周杨坚篡位，建立了隋朝。之后，又灭亡了陈朝，分裂和战乱四百余年的中国至此复归统一。动荡和分裂一直是魏晋南北朝时期的主旋律，但是其积极因素也不少。

魏晋时期，玄学兴起，何晏、王弼是最早的代表人物。老庄“自然”和儒家“名教”的统一，构成魏晋文化的主流思想，竹林七贤就是极有影响的代表。这时，印度传来的“佛教”逐渐兴盛，并深刻影响着此后千百年的中国，玄学逐渐失去了活力，佛经翻译盛行。另外，魏晋以来，道教逐渐兴旺，道观大规模涌现，中国传统文化呈现出多元思想兼容并包的局面。

魏晋是中国文化史中的一个重要转型时期，同时也是社会大动荡时期。在这一时期，不仅人们的思维方式、伦理准则、信仰观念、价值体系在不断发生变化，而且人们的日常行为、个人习惯，以及具体的服饰、饮食及娱乐、休闲、竞技、养生习俗都发生着巨大变革。而体育更是人类重要的思维和实践活动。选择甘肃河西魏晋十六国墓葬体育壁画砖进行研究，既明智又有难度。明智是由于目前对魏晋墓葬体育壁画的研究几乎是空白，有难度是因为材料少，而且杂乱。可以说，魏晋是由两汉向隋唐的过渡和转型时期，揭示魏晋人对体育文化和体育精神的承载，既可用以阐释渊源，也可展示演进。

河西魏晋十六国墓葬壁画砖中的体育图像是以直观的形象来表达人们对死后的祈求，体现了当时的生死观。魏晋时人们认为神鬼的传说与人的身后世界是相通的，道家的自然观执着于养生保命的愿念，长生不老的理论纷纷出现。而世上人无有不老不死者，于是升仙、长生、轮回之说填补其缺，认为人世以外，另有一美好的超越性世界，即所谓仙界或天堂。然而，人对自己离世后的事情存在担忧与焦虑，转化为对生命延续的追求和对死后世界的设想。魏晋十六国墓葬壁画所展现的也正是墓主人对死后生活的希冀。尤其是在复杂的生死命题前，人间的各种游戏、娱乐与竞技等也随死者生前的所好而表现在墓室的四壁，这一崇尚使生命和死亡不再冲突，既可以为生者所爱，也可为死者所喜，梦想与现实并不对立。既要有生前的享乐，还要有死后的仙境，更符合人们的心理需求，那就是主张义无反顾地尽情享乐，努力实现弃绝凡尘俗世后，死者既能在墓中如生前般地生活，又能进入神仙世界。

河西魏晋十六国墓葬体育彩绘壁画砖亦用特殊的纽带联系着死者和生者，直观地显现着人对死后的想象。墓内所绘的体育彩绘砖画图像，其根本目的是将人生前喜爱的游戏、娱乐与竞技等美好感觉在死后延续。我们借助考古发现的体育图像，以墓葬中的游戏、娱乐与竞技图像为线索来展开探索、研究。20余年来，我们十几次往返于敦煌、嘉峪关、酒泉、高台、武威等地区进行考察、调查与图像搜集，并按照时间顺序来观察各种形式的体育彩绘砖画，解读和考证其具体内容，阐释其引申意义，破译视觉图像中的体育文化基因，无疑是了解魏晋时期体育发展除文献之外的另一有效途径。

本书凝聚着作者对中国体育理论的思考，将文化人类学和身体学引入体育研究。这样一个研究思维向度，认为中国的体育思维呈现为感应型思维模式和整体型思维模式，表现为主观感应和通观整体的思维特征。这种方法使我们的研究别开生面，并通过大量的实证资料，得出一些深刻而独到的体育见解。

本研究着重论述墓葬形制、分期和分类，并对体育壁画砖进行全面的整理，探索葬俗、制度、思想、社会。一方面，图像是一种形态的过程，折射着人们从感觉到观念，由观念到形成理论。另一方面，我们也意识到较之文字表述，以体育图像去说明生死观，并利用文字记载与图像相互印证，尽量弥补材料之间的差异。同时又借鉴考古的资料，指出魏晋时期由厚葬到薄葬再到厚葬的转型变化，体育的广泛发展和与域外的交流，以及体育内容的演化。

一、甘肃河西魏晋十六国墓葬体育壁画砖的发现

魏晋南北朝时期的河西地区流行家族式的墓葬，这与中原战乱之时大量豪族前往河西避乱有关。这些家族墓葬的地面常有砾石堆成的围墙，目标十分醒目。地下部分的墓室建筑也与同时期的中原地区存在较大差异，总的来说是中原汉代传统的延续，但建筑样式与风格的变化略显滞后，同时又保持着浓厚的河西地方特色。

河西墓葬主要有砖室墓和土洞墓两种形制，砖室墓以酒泉、嘉峪关、高台、武威等地较多，敦煌较少。砖室墓一般由长斜坡墓道、甬道、拱券形墓门、墓室及耳室、壁龛组成。大多砖室墓流行在墓门上方砖砌高大门楼，这是河西墓葬建筑最显著的特色，一般以镶嵌的造型砖构成模仿地面建筑的仿木结构，往往在门楼上还有彩绘。这种墓葬建筑有明显的模拟生前居室的特征，根据墓主人的身份等级而有墓室的多少之别，单室墓一般在墓室后壁设二层台，左右壁设砖或土棺床，墓顶做成覆斗式的藻井顶，有的还设有耳室，四角设砖灯台，这样的墓葬在酒泉、武威等地多有发现①，武威南滩 M2 也是一座单室砖墓，但在唯一的墓室内置 8 具棺木②。

敦煌地区流行的墓葬建筑与武威、嘉峪关、酒泉等地有所不同，砖室墓较少而以土洞墓为主要形制，敦煌祁家湾发现的 117 座皆为土洞墓。这种墓葬一般不用砖或用砖较少，但一般也有高大门楼，墓室也做成覆斗形藻井顶。可能受建筑材料的局限，与砖室墓相比，土洞墓的结构有一些特殊性，如门楼以土坯镶嵌，一般无装饰，墓道在较晚阶段出现了天井和过洞（这种设施在中原和关中地区一般也出现在土洞墓中），墓室内以砖或土坯围框，以泥沙填筑而成尸床，上置木质尸罩（因无底板而区别于棺木），流行祔葬，流行朱书镇墓文的斗瓶随葬等。

由于各种因素的影响，魏晋时期中原地区动荡不安，许多豪强贵族、文人墨客、商贾僧侣等迁入河西，中原文化与当地早

① 甘肃省博物馆. 酒泉、嘉峪关晋墓的发掘[J]. 文物，1979(6)：1-17.
② 武威地区博物馆. 甘肃武威南滩魏晋墓[J]. 文物，1987(9)：89.

期文化因素融合，使河西地区进入前所未有的繁荣时期，而河西墓葬的发现和发掘，充分反映了这个情况。

河西魏晋十六国壁画墓的发现，可以追溯到1944年，西北科学考察团历史考古组在河西进行考古发掘，夏鼐、向达、阎文儒等人在敦煌佛爷庙湾墓群发掘清理了几十座魏晋墓，其中发现的一座单室砖墓即翟宗盈墓，墓门上有门楼式照墙、雕砌斗拱和门阙，并嵌有彩绘画像砖。据当时考古学家夏鼐先生认定，此墓应在东汉晚期至晋初①，阎文儒先生在发掘简报中认定为六朝初期②。之后又有学者张朋川先生提出此墓的下限可能晚到十六国时期③。以上专家的论证为全面系统研究河西魏晋墓葬奠定了基础，该墓的全部珍贵资料在中华人民共和国成立前夕随历史语言研究所运往台湾。另外，当时出于保护目的，将发掘拆除的门楼式照墙部分保存于敦煌莫高窟的第143窟。再次在河西发现魏晋壁画墓的时间约在20世纪50年代。1956年，考古工作人员在酒泉下河清发掘清理了一座带有丰富壁画、砖砌照墙的三室砖墓④，墓葬编号为M1。学者张朋川先生认定此墓为魏晋时期⑤。1957年，考古工作者又在甘肃河西的永昌县双湾东四沟发现和清理了魏晋时期的壁画墓。之后相继在七八十年代又陆续发现了许多壁画墓，主要分布于武威、永昌、高台、民乐、酒泉、嘉峪关、敦煌和安西等广大地区。

（一）敦煌与安西地区发现的西晋十六国时期的壁画墓

张骞凿空西域开通丝绸之路后，汉朝在敦煌设郡，内地民户大量徙入，以汉民族为主体的中原传统文化在甘肃敦煌地区得以滋生和发展。千余年来，敦煌绿洲及周围戈壁地区逐渐留下了各个历史时期敦煌开拓者的大量墓葬，它们成为敦煌这座历史文化名城兴衰和朝代更替的客观纪录。除1944年发现的佛爷庙湾翟宗盈墓外，考古人员在敦煌古城以东三危山前戈壁上发现一处大型古墓葬群。墓群西起距今敦煌市10千米的佛爷庙湾，南至三危山前，北达安敦公路，东西绵延20千米，南北约5千米。在这大约100平方千米的空间分布着数以万计的汉至唐代的墓葬。敦煌佛爷庙湾出土的彩绘砖画是河西地区古代绘画艺术的一朵奇葩。墓中照墙上砌有制作精致的彩绘砖雕的支柱、斗拱。照墙的主体采用平竖交错方法砌筑，在砖面上绘有精美画像。绘画内容有与体育相关的精彩画面。从1995年6月开始，甘肃省文物局和省文物考古所制定了有关对该地区古墓清理和文物保护考古发掘的规定和要求，先后清理西晋、十六国时期及唐代墓葬六百余座，其中有5座为西晋时期的画像砖墓，编号分别为95DFM39、95DFM37、95DFM118、95DFM91、

① 夏鼐. 敦煌考古漫记[J]. 考古通讯，1955(1)：6.

② 阎文儒. 河西考古简报(上)[J]. 国学季刊，7(1)：20.

③ 张朋川. 河西出土的汉晋绘画简述[J]. 文物，1978(6)：63.

④ 甘肃省文物管理委员会. 酒泉下河清第1号墓和第18号墓发掘简报[J]. 文物，1959(10)：71.

⑤ 张朋川. 河西出土的汉晋绘画简述[J]. 文物，1978(6)：6fgd3.

95DFM167。2000 年又在佛爷庙湾清理了 300 多座墓葬，包括晋墓 258 座、北凉墓 2 座、唐墓 63 座[①]。1990 至 2001 年在佛爷庙湾发掘出土了一批彩绘画像砖[②]，现保存于敦煌博物馆。

1985 年在敦煌祁家湾墓群发掘清理了古墓葬 117 座，时代在西晋、十六国时期，但其中壁画墓较少，仅有 3 座发现有壁画砖。

1997 年在敦煌附近的瓜州（安西）县踏实墓群的一座编号为 M2 的墓中，发现有画像砖，经发掘清理现保存于瓜州县博物馆。2001 年又在安西旱湖垴墓地发掘了一座编号为 M4 的魏墓[③]。据文物考古部门统计，敦煌、安西地区发掘清理的壁画墓达15 座。

（二）酒泉、嘉峪关、高台、民乐地区发现的魏晋壁画墓

酒泉一带，汉魏墓葬较多，数以千计的地面封土与已经不见封土的古墓葬时有发现。这些古墓葬星罗棋布，散布于酒泉。自 1957 年开始，甘肃省文物管理委员会清理发掘组在酒泉地区先后发掘汉魏墓百余座。1971 年在下河清发掘的一座壁画墓，出土魏晋彩绘砖画 64 块。之后，又在酒泉上坝乡石庙子滩、崔家南湾、西沟、清水镇孙家石滩、果园乡总寨、三奇堡、丰乐三坝湾等地区清理发掘了部分魏晋墓。

1977 年 5 月，甘肃省博物馆与酒泉地区有关部门在酒泉地区丁家闸村附近大、中、小型 5 座墓葬进行发掘清理。丁家闸 5 号墓为其中之一，因其墓室内绘满了大幅精美的壁画，发掘报告将其年代定为十六国时期的后凉与北凉之间，即 4 世纪末至 5 世纪中（386—441 年），并称此墓为丁家闸 5 号壁画墓。

嘉峪关的新城镇南有一大片广阔的戈壁滩，散布着千余座古墓葬。1972 年至 2002 年，嘉峪关市文物清理小组先后发掘清理了魏晋墓 13 座，其中壁画墓 8 座，即新城 M1、M3、M4、M5、M6、M7 号墓。这些墓葬年代略有先后，其中 M2 号墓出土有魏甘露二年（257 年）镇墓瓶。年代较晚的墓葬约在西晋时期，不晚于 4 世纪初[④]。另外，1972 年在嘉峪关城楼东南的牌坊梁发现了 1 座魏晋时期的壁画墓[⑤]。1979 年又在嘉峪关新城墓群发掘了 2 座魏晋时期的壁画墓，编号为 M12、M13。以上壁画墓的内容以反映现实生活为主，其中有不少表现魏晋时期人们参与游戏、娱乐与竞技体育活动的图像。

位于甘肃省张掖市高台县西南 20 千米处的骆驼城，是十六国时期的建康郡所在地。在古城址周围砾石戈壁滩中分布有四大墓群，即土墩墓群、骆驼城南墓群、

---

① 戴春阳. 敦煌佛爷庙湾西晋画砖墓[M]. 文物出版社，1998.
② 李永宁. 敦煌佛爷庙湾魏晋至唐代墓葬[M]//中国考古学年鉴 2002 年. 北京：文物出版社，2003：391.
③ 甘肃文物考古研究所. 甘肃安西旱湖垴墓地、窑址发掘简报[J]. 考古与文物，2004(4).
④ 嘉峪关市文物管理所. 嘉峪关新城十二、十三号画像砖墓发掘简报[J]. 文物，1982(8)：7-15.
⑤ 施爱民. 民乐清理汉代壁画墓[N]. 中国文物报，1993-05-20.

▲甘肃嘉峪关城楼

▲甘肃嘉峪关城楼

五座窑墓群、黄家皮代墓群，据统计约有 3000 余座墓葬，已经发掘清理的墓葬有十余座。如 1999—2007 年期间，先后在高台县城西北罗城乡河西村地埂坡发掘了 5 座墓葬，在骆驼城的许三湾古城，城址周围有墓群分布，清理了 4 座墓葬，其中编号为 M2 的是魏晋墓[①]。

1993—1994 年在民乐县永固乡八卦营墓群发掘清理了 3 座魏晋时期壁画墓，编号为 M1、M2、M3。[②]

① 甘肃省文物考古研究所，高台县博物馆. 甘肃高台县骆驼城墓葬的发掘[J]. 考古，2003(6)：44-51.
② 施爱民. 民乐清理汉代壁画墓[N]. 中国文物报，1993-05-30.

▲甘肃张掖高台魏晋墓

▲甘肃嘉峪关城楼

▲甘肃嘉峪关明长城

（三）永昌、武威地区发现的魏晋壁画墓

1957 年在甘肃永昌县（今金昌市）的东四沟发现了魏晋壁画墓，清理出土的十余块彩绘砖画现存放于金昌市博物馆。

甘肃河西地区的武威市（古凉州），1969—2004 年间先后发掘清理了雷台墓。1987 年相继在武威南滩和武威师范学校清理了魏晋墓各 1 座。1988 年在武威市金塔乡的藏家庄发现了 2 座砖室墓，分别编号为 M1、M2①。2004 年又在武威市河西装潢公司综合楼工地、民族街粮食仓库、辛家河滩南桥、武威煤矿机械厂、新青年巷、武威运输公司家属楼发现了魏晋墓 14 座，发掘、清理了铜车、铜马、铜牛、陶罐、武士俑及墓壁的彩绘图像。

① 武威地区博物馆. 武威藏家庄魏晋墓清理简报[J]. 陇右文博，2001(2)：3.

▲甘肃嘉峪关魏晋墓葬群外景

▲作者考察甘肃嘉峪关魏晋墓葬群果园——新城墓群－1

▲作者考察甘肃嘉峪关魏晋墓葬群果园——新城墓群－2

二、研究意义

传统文化中，中国人对生与死的问题思虑颇深，派生出大量的有关“死”的词语，并积淀成深厚的生死文化，表现在语言上则有着数不胜数的表达方式。生死问题乃人生重大问题，表面呈现的是人们在日常生活中忌讳言“死”，但实际上人们又大量地使用“死”的同义替代词来谈有关死亡的各种问题。因此，在传统文化中，中国人积淀着厚实的“死生亦大矣”“生死事大”观念，给世人的印象是“最为养生送死操心的民族”。尤其是魏晋时期，以艺术的美学的方式谈论生死问题的最佳作品之一是《兰亭集序》，王羲之感慨人间美景绝佳但人生短暂，世事无常。

在魏晋时期人文风气大发展之际，当时休闲、娱乐、长生是魏晋人的最大追求。现存河西魏晋时期的考古资料可见，以游戏、博弈、百戏、鞠戏、弓射、摔跤、弄丸、走索、舞蹈、养生等为题材的图像是魏晋墓装饰的一大主题。文献与考古所见之现象，表现出时人热切追求生命质量，显示出魏晋人对死亡仍然未能忘怀。游戏、娱乐、竞技与养生愿望背后是追求精神上的安逸。可以说，甘肃河西地区在汉晋时代中国历史演进与文化变迁过程中具有重要的意义。然而，由于地处边陲，魏晋十六国时期河西历史文献记载很少，因此对河西地区之历史文化与社会生活的研究，就不得不依靠丰富的考古材料。在河西地区目前发现的魏晋墓葬考古材料中，地域性特点突出、形象直观、内容丰富的壁画墓数量较多，因在相当程度上弥补了传世文献的不足而受到学术界的高度关注，并成为体育史研究者据以考察魏晋河西地区古人游戏、娱乐、竞技与养生等社会生活和文化交流的重要资料。同时有助于我们深入理解魏晋南北朝历史传统和视觉文化的相关概念和机制。

20 世纪 40 年代以来，甘肃河西魏晋十六国墓葬的发现和研究对包括历史学、人类学、宗教史、社会生活史及体育史等在内的学科发生了重大影响，在这些领域中催生出大量的学术成果。在体育史中，河西魏晋十六国墓葬的贡献主要在于提供不为人们所知的体育史料，解释出土体育画像砖的原境，及游戏、娱乐、竞技与养生的体育特征和体育演变的过程与规律，使体育史研究得以不断丰富，甚至重写个别体育项目的历史，尤其是河西地区所分布的魏晋墓葬范围之广、数量之多、内容之丰富、文化价值之高，已成为研究中国古代体育不可忽视的重要部分。由于传世文献对魏晋时期西北历史的记载较为简略，尤其是敦煌、酒泉、张掖、凉州这样的边陲地区，文献记载更少。因此，以考古材料来研究魏晋十六国的历史文化和社会生活就显得尤为重要。

三、研究目的

在中国体育史研究领域层面，有关魏晋十六国时期的体育传世文物相对较少，而分布在河西的魏晋十六国墓葬壁画材料是体育史研究的重要组成部分。墓葬壁画表现的体育图像较为直观，不仅弥补了传世文献记载的不足，而且也丰富了我国的体育文物。尤其是彩绘砖画图像所表现的各种体育形态是当时魏晋人生活的真实写照，它对丰富和重写体育史具有重要作用。同时也帮助研究者分辨出一系列的体育历史遗迹，以便能更科学地对体育历史进行研究和解释。另外，魏晋墓考古出土的体育画像砖，意味着古人已经能用图像来把握世界，依靠视觉来感知世界，表现了魏晋人的意识性和精神性。而墓葬体育彩绘砖画就是魏晋人为了精神性愉悦而绘制的图像，也是魏晋人意识性和精神性存在的“物质证明”。

河西魏晋十六国墓葬壁画通过生动逼真的图像，展示古人参与体育活动的文化背景和与其相关的游戏、娱乐、竞技、养生等的风貌。这些弥足珍贵的资料，可以填补古代体育史料的缺失和文字记载的不足，是解决体育史中疑难问题的主要途径之一。墓葬壁画所展现的体育图像，有助于了解魏晋时期的体育发展与演变，其中包括竞赛和表演方式、体育器材的形制、体育场地的空间分布、体育竞赛规则等，也有利于对体育的历史进行补正、引证和

▲作者考察甘肃嘉峪关魏晋墓博物馆

▲作者考察甘肃嘉峪关魏晋墓博物馆陈列馆

▲甘肃嘉峪关魏晋墓陈列馆外景

纠正。

本研究除了填补体育史料的缺失之外，更主要的是从人类思想发展阶段的特征或魏晋人对生命态度的角度去研究。尤其是墓葬用特殊的情感纽带联系着死者和生者，直观显现着魏晋人对死后生活的想象。主人将现实中的生活享受都带入了壁画砖的画面中，当宴饮、百戏、乐舞、博戏、庖厨等与神灵相结合后，墓主人得到了他所需要的娱乐体验。因此将壁画砖解释为现实生活的反映当然顺理成章，也与社会的时尚习俗相呼应。这一崇尚使生命、死亡不再冲突，既要有死后的享乐和怀旧，也努力实现弃绝凡尘俗世，这类图像才能将美好的感觉在生命过程中持续，也试图在死后延续。要把精神变成图像、变成实体才容易被接受，从而使人们能更好地理解：是魏晋思想文化对死亡的理性态度塑造了中国社会的形态，以及体育的社会性。这对我们研究魏晋人的生死观及魏晋人的生活态度具有重要的查考价值。

▲作者考察甘肃嘉峪关魏晋墓陈列馆

▲位于甘肃嘉峪关市东北 20 千米处的魏晋壁画墓

▲甘肃敦煌佛爷庙湾西晋古墓发掘现场(由东向西)

◀作者在开挖的甘肃嘉峪关魏晋古墓群实地考察－1

◀作者在开挖的甘肃嘉峪关魏晋古墓群实地考察－2

▲作者在开挖的魏晋古墓群实地考察

►▼作者在甘肃嘉峪关魏晋古墓群墓道实地考察

◀作者、课题组成员考察甘肃嘉峪关魏晋墓陈列馆

◀作者、课题组成员考察甘肃嘉峪关魏晋墓陈列馆

◀作者、课题组成员考察甘肃嘉峪关魏晋墓陈列馆

△◁作者、课题组成员在甘肃高台县骆驼巷魏晋古墓遗址考察

◀作者在甘肃高台县骆驼巷魏晋古墓考察－1

▼作者、课题组成员在甘肃高台县骆驼巷魏晋古墓考察－2

▲◀作者在甘肃张掖高台县博物馆考察

▼▶作者在甘肃张掖高台县博物馆考察

▶作者在甘肃张掖高台县博物馆考察

▲作者和课题组成员在甘肃张掖高台县骆驼巷魏晋古墓考察

▲▼课题组成员在甘肃张掖高台县博物馆考察

魏晋墓葬壁画中的各种图像，并不是审美情感内容，而是一种特有的社会文化内容。体育彩绘砖画主要是表现体育物质的基本形态，如狩猎、鹰猎、百戏、角抵、举重、驿传、剑术、骑射、奔跑、跳跃、出游、习武、兵器、竹马、博弈、养生等，它们虽然是一些素描、简单的线条和一些朴素的色彩，但保存和复现人类及其他形象的愿望是强烈的，在表现形式上多是写意的，以至于使魏晋墓葬的体育彩绘砖画是可以触摸和感觉的。这说明，魏晋人在生前就渴望把眼前的休闲娱乐享受的场景记录下来，以表达对精神满足的永远追求。同时也揭开了历史长河里许多不为人知的体育信息，或者使我们对已经熟知的体育史料又有了新的解读，还原了魏晋十六国时期人们的精神图谱和生活轨迹。通过墓葬砖画中的体育形态建构，使文史经典隐去的历史与历史所过滤掉的体育场景，在1500年之后再现人间，与世人邂逅。

基于对甘肃河西魏晋十六国墓葬壁画的考古发现，我们认为有必要对魏晋墓室的体育彩绘砖画进行系统的梳理，并从具体的文化现象出发，将资料放置在一个更广阔的时空坐标中来研究体育图像的来龙去脉及历史背景，使该书能被称为“有价值之研究”，供体育史、体育文化研究者参考。

四、研究内容及方法

本课题研究魏晋十六国时期的体育，尤以墓葬中的体育彩绘砖画为主，以之为媒介探讨魏晋社会体育的一端。

选择甘肃河西魏晋十六国壁画墓中的体育彩绘砖画进行研究，是一项带有填补空白的工作，因本研究主要借助考古发现的图像，以墓葬体育彩绘砖画为主要研究内容。

第一，在考古发现的资料基础上，对墓葬的整理和研究主要是分期、分区、分类型，随后再探索葬俗、制度，墓葬的空间分布及生死观等。通过考古资料观察魏晋人的生活，尽力捕捉古人的生死观念和心态。所以本文第一章的内容就是根据墓葬材料而进行的综合研究。

第二，河西魏晋十六国时期的墓葬壁画大多是采用一砖一画的方式绘制的，但是壁画的排列组合与题材分布等方面须进行分类，梳理出各种不同的体育形态及体育习俗的形成。本文第二章主要是论述以上问题。

第三，魏晋时期处在社会大动荡中，但魏晋之际也是一个思想文化和休闲娱乐异彩纷呈的时期。本文第三章主要内容是阐释在中国休闲娱乐史上，魏晋是一个转折期，上流人士耽于享乐、纵情娱性，游戏、娱乐、竞技与养生大行其道，并由此演绎出琴、棋、书、画、诗、酒、茶等雅事，传达出魏晋人的文化情韵与意趣。其他诸如角抵、百戏、蹴鞠、击壤、田猎、六博、樗蒲、双陆、围棋、藏钩、投壶、舞蹈、垂钓、斗鸡、马术等体育活动蓬勃发展，社会的休闲娱乐之风，上下遍及，大有全民参与之势。因此，探讨魏晋时期的游戏、娱乐、竞技与养生，不但具有重要的学术价值，而且具有重要的现实意义。

图像是人类社会活动中最常用的信息载体，也是人类用视觉理解和把握世界的一种方式。本文运用了体育彩绘砖画图像来引证体育的历史，填补魏晋体育历史的内容。除以图证史之外，还对体育彩绘砖画图像进行文化阐释，并捕捉魏晋体育的审美体验。

第四，中国传统文化中比较有系统的养生理论首见于魏晋时期。第四章主要阐述了魏晋人嵇康、葛洪、陶弘景等的养生论和炼丹术及导引、行气等养生术。

第五，魏晋时期，中国和中亚、西亚、印度等地保持着密切的经济文化交流。我国的灿烂文化，随着商旅使臣和僧侣的足迹向西方传播，西方的文化也由丝绸之路传入我国。尤其是在建兴四年（316 年），西晋王朝灭亡，先后由匈奴、羯、鲜卑、氐和羌等少数民族建立了十六个国家政权，史称“五胡十六国”，开启了各个民族之间碰撞融合的时代。胡汉文化的影响及通过丝绸之路与希腊、罗马、印度、波斯等文化的接触、交流，都在中国古代体育文化的发展中留下了痕迹，看到了西方体育与中国体育的异同，并由此造成了魏晋十六国时期体育兴盛与繁荣的盛况。

本研究从魏晋十六国壁画墓的形制入手，运用考古学的方法进行分期，结合体育彩绘砖画的不同内容以更全面的视角来研究和探讨它的演变规律，并进行体育图像的分类，以期能更准确地把握体育彩绘砖画题材的性质及意义。

在墓葬体育彩绘砖画内容的解读方面，以图史互证的方法进行研究，并对体育彩绘砖画题材进行详尽的考释。在方法上将壁画墓的体育内容、墓室内各空间的功能，以及图像的语境等结合起来，从而对图像在墓葬中的象征意义进行深入分析。同时以图像学的方法寻找每幅体育彩绘砖画的图样，将眼睛所能看到的各种体育图样，运用知识去认识它，然后把魏晋体育彩绘砖画图样分类，并对其分析论证，融入学术理论，致使图样走向图像，使研究者能更好地把握每幅体育彩绘砖画的文化内涵。可以说，魏晋墓葬体育彩绘砖画是魏晋人精神文化的基本表现。

本研究选择体育彩绘砖画为研究的对象，以图像为研究资料。由此我们课题组成员先后十余次往返于敦煌、酒泉、嘉峪关、武威等地，全面调查和搜集有关资料和考古成果，尽量做到对图像的熟悉，然后再正确组合成整体面目，方便我们利用形象资料对魏晋时期体育形态进行深入认识。体育彩绘砖画图像是对当时体育活动的实际记录，具有高度的写实性和史料价值。图像资料虽然缺乏文字说明，但可以与文献相印证，或补充文献记载的不足，具有文字不可替代的作用。因此，我们以人类学的视角，采用图像学理论和符号学等方法来深挖形成这些墓葬体育彩绘砖画图像的民族精神和心理特征，然后把这种从历史的长河中涌现出来的凝固的、静止的体育图像，通过探讨图像与话语的相互关系，来阐释河西魏晋十六国墓葬体育彩绘砖画形成和发展的主体因素和生态环境，以更好地印证文献的记载。

图像毕竟不是直接指称，研究者须作相当程度的解释。因为图像学，即是视觉的阐释学，如果领会得好，运用得当，无疑会成为体育研究中的有效工具。但由于魏晋南北朝有关体育的资料较为零碎，而体育的演变关系需要阐释，故仍尽力依图像学的要求予以一定的解说，但须避免变成无依据的阐释。因此，我们努力采用图像学、文献学和现代人类学相结合的“多重证据法”，着重对魏晋所遗存的体育图像和文献资料作“表征功能”和“意义世界”的探讨，分析出体育图像叙事语言的独特形式，辨认出图像的体育内涵，发现形成这种图像的民族精神的根源和个人心理特征，揭示出图像的深层意义。

本研究把体育史研究向更广泛的有关视觉呈现和再现的问题开放，把墓葬作为体育史研究和解释的主题；把画像砖作为审美对象，将阐释方法作为考察主题，将研究一步步推进。

五、魏晋十六国墓葬体育壁画砖研究回顾

魏晋十六国墓葬建筑的图像主要以壁画和画像砖的形式出现，图像内容与建筑材料、历史背景、文化传统等皆有关系。

河西地区的墓室图像主要发现于酒泉、敦煌等地的砖室墓中，武威、高台等地偶有发现，一般在门楼式照墙和墓室壁画以画像砖的形式作画，流行一砖一画，少量墓葬有通壁的绘画。土洞墓仅在照墙上偶见绘画。

较晚的河西墓葬图像有所简化，照墙装饰减少，墓室不再流行画像砖，而是通壁绘画，如属后凉或北凉时期的酒泉丁家闸 5 号墓就是一座装饰繁缛的墓葬。

体育是人类生命的重要命题，体育问题涵盖人类如何生存以体现生命价值，但体育自身并不突显为重要命题。故而，至今全面论述魏晋墓葬体育彩绘砖画的专著较少。就体育彩绘砖画命题的讨论而言，单篇文章较多。有些研究尚在模糊认识阶段。即使是研究，也往往是以解释性为主，一般都是就画论画、就史论史，综合性的研究比较少见。目前国内有关魏晋十六国墓葬壁画中体育彩绘砖画研究的单位和个人有：敦煌研究院、兰州理工大学丝绸之路文化研究所、兰州大学敦煌研究所、成都体育学院、高台县博物馆、国家体育总局体育文化发展中心的崔乐泉博士等。其中兰州理工大学丝绸之路文化研究所致力于丝绸之路古代体育文化的研究，先后撰写了《丝绸之路体育文化论集》《丝绸之路体育文化论集（续）》《中国马球史研究》《忘忧清乐：敦煌的体育》《丝绸之路体育图录》《敦煌古代体育文化》《中国古代体育图录》《从长安到雅典：丝绸之路体育文化》《丝绸之路岁时节日民俗体育图录》等。其中关于论述河西地区魏晋古墓体育题材彩绘砖画的学术论文有《敦煌魏晋古墓体育画像砖研究》① 《魏晋墓葬彩绘体育彩绘砖画的审美研究》② 《嘉峪关魏晋古墓

① 路志峻，李金梅. 敦煌魏晋古墓体育画像砖研究[J]. 敦煌研究，2005(3)：110-114.
② 林春. 魏晋墓葬彩绘体育砖画的审美研究[J]. 敦煌学辑刊，2015(1)：135-143.

砖画中的驯鹰狩猎图像研究》[①]《魏晋南北朝时期围棋的兴盛及其原因》[②]《魏晋玄学视野中的养生论》[③]《丝绸之路魏晋墓葬画考释》等[④]，这些研究成果都为体育史研究提供了宝贵的学术参考价值。

除哲学、宗教外，对魏晋十六国壁画墓的研究还在考古学及民俗研究，以及运用考古资料颇多的中国传统养生文化研究中亦有涉及。

① 郑志刚. 嘉峪关魏晋古墓砖画中的驯鹰狩猎图像研究[J]. 敦煌学辑刊，2007(2)：60-64.

② 闫小平，侯介华. 魏晋南北朝时期围棋的兴盛及其原因[J].山西师范大学体育学院学报，2005(4)：55-57 .

③ 辛刚国. 魏晋玄学视野中的养生论[J]. 贵州社会科学，2003(2)：109-112.

④ 林春. 丝绸之路魏晋墓葬画考释[A]. 2014 第二届海峡两岸体育运动史研讨会论文集，2014(8).

第一章

魏晋十六国墓葬体育彩绘砖画的形制与空间分布

河西魏晋十六国墓葬形制特征是对魏晋十六国墓葬进行分期的主要依据。迄今为止，河西地区发现的壁画墓大多没有纪年资料，因此，对河西魏晋十六国墓葬进行断代与分期是十分重要的工作。

第一节　墓葬形制与分期

研究墓葬形制特征是对魏晋十六国墓葬进行分期的主要依据。迄今为止，河西地区发现的壁画墓大多没有纪年资料，因此，对河西魏晋十六国墓葬进行断代与分期是十分重要的工作。虽然前辈先贤在墓葬形制与分期的研究方面已经取得了一定的成果，但仍需深入探讨。

河西魏晋壁画墓规模较大，分布较广，保存完整。主要分为砖室墓和彩绘砖墓，具体表现如下：

一、砖室墓

壁画墓大多为砖室墓，往往是许多墓家集中于一个墓址之内，大多为家族墓群。

魏晋较常见的一种墓室形制是凸字形券顶墓，其特征是墓室平面呈凸字形。这种墓的墓室两壁用三层平砖纵砌，然后再用一层横砖平砌，少数墓砌有置放随葬品的祭台。通道结构与墓室一样，仅比墓室窄，通道口用砖封堵，有的在通道中设有木门，铺地砖大多数成席状。南朝早期，凸字形券顶墓的券顶多用楔形砖，因此增加了两壁的厚度。南朝后期的凸字形券顶墓，其墓室结构又发生了变化，某些大中型墓的左右壁和后壁成弧形，壁龛少见，墓内设石棺床和祭台，墓道中也有石门。

▼甘肃嘉峪关魏晋彩绘砖古墓－Ⅰ

▲甘肃嘉峪关魏晋彩绘砖古墓－2

▲甘肃武威魏晋砖室墓

二、彩绘砖墓

魏晋南北朝时期的彩绘砖墓，又叫作壁画墓，是从汉代时的画像砖墓发展而来的，这种墓在河西地区的敦煌、酒泉、嘉峪关、张掖等地多有发现。这些彩绘砖墓规模特别大，有多间墓室，总长度大约在6.55米至11.9米之间，墓道长15米至29米。墓上的封土堆高1米至3米、宽12米至18米。墓门起多层拱券，再用砖砌建高大而结构复杂的门楼。如嘉峪关新城魏晋墓葬的修建方式，主要有两种：一种是选挖出墓道，再根据所需墓室大小，用打竖井的办法分别挖出前室、中室和后室，再打通隔梁，最后干砖叠砌墓室，再用黄土填平墓室外部砖缝。在墓顶、耳室等起券处，夹以陶片或楔形条砖。1号至5号墓就是这样修筑的。另一种也是选挖出墓道，所不同的是顺着墓道方向在地下挖出拱形土洞，再用干砖叠砌墓室，先筑后室，再筑中室和前室，然后砌墓门和门楼，最后用砖堵墓顶与土洞之间的空隙。6号、7号、8号、13号墓就是用这种方法修筑的。每座墓都有长而深的斜坡式墓道，有的长达25.6米。墓道以方砖铺地，方砖约34平方厘米，厚5厘米，砖面有云纹和“四灵”（左青龙、右白虎、前朱雀、后玄武）花纹，还有各种几何纹、植物纹的方砖。从“四灵”像图案的方砖可看出魏晋墓画像砖与汉代画像砖在题材内容上的文化渊源。

▲农庄　壁画　甘肃酒泉丁家闸5号十六国墓　墓室内景

▲▼彩绘砖画　甘肃嘉峪关3号西晋墓　墓室内景

▲彩绘砖画　甘肃嘉峪关 3 号魏晋墓　墓室内景

▲甘肃嘉峪关魏晋 5 号墓－Ⅰ　墓室内景

◀彩绘砖画　甘肃嘉峪关魏晋 5 号墓 - 2 墓室内景

◀彩绘砖画　甘肃嘉峪关魏晋 5 号墓 - 3 墓室内景

◀彩绘砖画　甘肃嘉峪关魏晋 5 号墓 - 4　墓室内景

▼彩绘砖画　甘肃嘉峪关魏晋 6 号墓 - 1　墓室内景

▶彩绘砖画　甘肃嘉峪关魏晋 6 号墓－2　墓室内景

△彩绘砖画　甘肃嘉峪关魏晋 7 号墓前室东壁　墓室内景

▲彩绘砖画　甘肃嘉峪关魏晋12号墓前室东壁　墓室内景

魏晋墓的墓门上都有高大的门楼，也叫照墙。门楼是住宅的门户，修筑和装饰比较讲究。嘉峪关新城魏晋墓的墓主人生前都是世家豪族或兼为官吏，生前住宅建有楼橹，死后又模拟砌筑在墓门拱券上端，形成门楼建筑。

新城魏晋墓室结构有二室墓和三室墓两种。二室墓分前、后室。三室墓增加中室。墓室一般模仿当时世家豪族宅第的构造，墓室内的装饰是非常讲究的。

▶彩绘砖画　甘肃酒泉西沟魏晋墓前室南壁墓室内景

▶彩绘砖画　甘肃嘉峪关魏晋墓覆斗顶及藻井莲花内景

◀彩绘砖画　甘肃嘉峪关魏晋墓墓内器皿放置

◀彩绘砖画　甘肃嘉峪关魏晋墓后室北壁　墓室内景

◀彩绘砖画　甘肃嘉峪关魏晋墓　墓室内景

▼彩绘砖画　甘肃高台县骆驼巷魏晋墓画像砖墓室内景

新城魏晋墓出土的彩绘壁画约 760 幅，多为一砖一画，也有少数是由几块砖组成一画面的小幅壁画，还有半砖一画的。墓室壁画位置的安排有一定的规律，画幅之间有机地联系在一起，壁画可分为二室墓和三室墓两类。

凸字形券顶墓和彩绘砖墓在河西地区发现较多之外，还有分布在北方和南方地区的刀形券顶墓、长方形券顶墓、穹隆顶墓、主室和侧墓、多室砖墓、圆形和半圆形单室墓等。

◀甘肃敦煌佛爷庙湾魏晋 37 号墓外景

◀甘肃敦煌佛爷庙湾魏晋 37 号墓墓室结构

▲甘肃敦煌佛爷庙湾魏晋 37 号墓西壁南侧

▲甘肃敦煌佛爷庙湾魏晋 37 号墓西壁北侧

▲彩绘砖画　甘肃敦煌佛爷庙36窟墓西壁南侧画像砖分布　墓室内景

三、土坑墓

土坑墓即土洞墓。它流行于五胡十六国和北朝时期的北方和西北地区，墓主人通常是北迁的汉族士族或鲜卑贵族。如辽宁省北票市北燕冯素弗夫妇墓，地面上保存长10米、宽6米、高2米的封土。夫妇两人同茔异穴。

陕西关中地区发现了许多多室土洞墓。这些墓有前室和后室，通常设有天井以及过洞。西安市南郊发现的三座并列的族墓葬，墓室都是这样。这些墓的墓道朝南开，墓由前室、后室、前通道、后通道、天井、斜坡墓道、过洞构成。其中两座的后室的北壁设有头龛。这三座墓的墓室，前、后室通长为11.5米至12米，宽4米至5米，深12.5米至13米。斜坡墓道常包括天井、过洞，通道通长41米至43米不等，墓道坡度约28°至30°，上口宽3.8米至4.0米之间，下口宽1.2米至1.4米。

河西敦煌一带也发现有北凉时期的单室土洞墓。

新疆吐鲁番地区也多有土洞墓发现，大型土洞墓前有斜坡墓道，墓室有方形和前窄后宽的方梯形两种，约长3米。方形墓有的还带有耳室，墓室顶部大多数是盝顶，有的墓中绘有表现墓主人生活的“画稿”。

四、石室墓

东北地区和西南地区流行用石块、石板砌筑墓室。比较大型的石室墓，通道由耳室、回廊、椁室组成，墓壁绘彩色壁画。墓中埋葬人数比较多，好像家族丛葬。

五、崖墓

崖墓是古人开凿于山崖的墓葬，存在于战国至魏晋南北朝时期。东汉至六朝，四川地区流行崖墓，以乐山地区的为代表，往往几十座墓聚集在一面山坡上。有单室、双室，也有多室。有一些在墓门、墓壁及石棺上雕刻图案，题材与当地同时期的画像砖类似。

河西地区出土壁画墓很少有明确的纪年资料，只有敦煌祁家湾 M310 号墓发现有明确纪年的随葬遗物，人们都以魏晋作为对墓葬的断限，这给深入研究带来了一定的难度。我们也只能依据墓葬形制、壁画内容、风格和墓葬建筑的特点、平面布局、时代背景等多种因素来进行断代研究。其最有代表性的墓葬可分为三期[①]。

第一期，相当于曹魏至西晋前期，即公元 3 世纪 20 年代到 80 年代。发现有 B 型 Ⅰ 式、C 型 Ⅰ 式和 Ⅱ 式、D 型 Ⅰ 式壁画墓葬。

此期墓葬的特点是还保留了东汉晚期的时代风格，例如，砖筑多室墓的墓室两侧带有 1—4 个耳室，有的墓葬不仅带有耳室，而且还带有壁龛。耳室代表着车棚、马厩、厨房、仓库等。

尽管第一期墓葬带有很多东汉晚期的因素，但也有很多东汉晚期墓葬中没有的新因素。东汉晚期的大多数墓葬壁画中都绘有马车，牛车少见，官吏贵族所乘的都是马车，而河西魏晋十六国壁画中的牛车则代表了当时乘牛车的风尚。嘉峪关新城 M7 壁画中的一辆马车图，在起稿时画作牛车，但是在画成后又改为了马车[②]。这一例子就是很好的说明。此外，壁画人物佩戴的“巾帻”，也是兴起于汉魏之际、流行于魏晋时期的特色服饰。同时，壁画中出现的鹿尾也是魏晋南北朝时期文人名士在谈玄论道时的用具，这两条信息亦可以作为断代的旁证。

D 型 Ⅰ 式墓全部发现于敦煌佛爷庙湾，研究者根据系统发掘整理的敦煌祁家湾西晋十六国墓葬资料，参考具有明确纪年的墓葬遗物，认为 C 型和 D 型的佛爷庙湾四座画像砖墓中的随葬器物组成基本与祁家湾第一期的一段相同，所以，断定其年代均属于西晋早期[③]。北凉时期佛教的广泛传播对中国的传统葬俗影响很大，这也可能是敦煌少见砖筑多室墓、墓室内壁壁画亦少的原因之一。

---

① 张小舟. 北方地区魏晋十六国墓葬的分区与分期[J]. 考古学报，1987(1).

② 甘肃省文物队，甘肃省博物馆，嘉峪关市文物管理所. 嘉峪关壁画墓发掘报告[M]. 文物出版社，1985：73.

③ 戴春阳. 敦煌佛爷庙湾西晋画像砖墓[M]. 文物出版社，1998：103.

关于第一期墓的标准墓和准确年代，可以从嘉峪关新城M1中找到线索：此墓中出土了一件朱书镇墓陶瓶，文字漫漶，但开头处仍可见“甘□二□”的字样[①]。

第二期，约相当于西晋惠帝以后到前凉时期，即公元3世纪末到公元4世纪80年代，延续时间近一个世纪。发现有A型Ⅰ式和B型Ⅱ式、Ⅲ式墓葬。此期多室砖墓继续发展，还出现了河西地区仅有一例的四室砖墓。这样的多室砖墓主要发现于今酒泉和高台两地，表现出了新的时代特点：三室墓由第一期的带有耳室、壁龛、四壁外弧，逐渐发展到不带耳室、壁龛，只有个别三室墓的四壁呈弧状外凸的状态，并且此期高台地区壁画墓的四壁均呈直线，不外弧。其壁画内容、风格与酒泉地区相似的同时，也出现了自身的一些特点。

第三期，约相当于后凉、前秦、西凉、北凉时期，即公元4世纪末期到公元5世纪中期。发现有C型Ⅲ式、Ⅳ式和D型Ⅱ墓葬，此期壁画墓葬几乎全部发现于今酒泉、嘉峪关地区，而敦煌地区的同期墓葬只有一座发现有画像砖。相对而言，此期的双室砖墓规格仍然比较高，例如，嘉峪关新城观蒲M9的棺内出土有“武乡亭侯”鎏金印章一枚，墓葬既无耳室、壁龛，亦无墓室四壁外弧的现象，墓室内也无壁画。壁画主要分布在照墙上，但是与敦煌的彩绘照墙相比，显得有些简朴。关于“武乡亭侯”，《通典·职官》十九：“晋官品第五品亭侯爵。”[②]十六国多因袭晋制，故观蒲M9的墓主人应是五品侯。因此，推测观蒲M9为前凉以后诸凉时期的墓葬。C型Ⅲ式中的酒泉丁家闸M5墓葬形制明显承袭了酒泉地区的魏晋传统，创新之处在于墓室壁画采用大幅通栏式作画的方法，这种方法与第一期和第二期的壁画布局方法区别显著。此外，此墓壁画内容中的“三梁进贤冠”和通幰车也暗示了其墓葬年代。《晋书·舆服志》有详细记载[③]。西凉王李暠于东晋义熙元年（405年）自称“大将军、大都督、领秦凉二州牧、凉州公”后，徙治酒泉郡，所以发掘者认为此墓应为“比二千石的某某夫妻合葬墓”[④]。

总体而言，河西魏晋十六国墓葬以曹魏甘露二年为界，可以分为前中后三个阶段。第一阶段规模较大，有两室或三室墓，部分墓葬中绘有壁画，尤其是彩绘砖画成为当时壁画墓葬的滥觞。随葬品质量较好，数量也多；第二阶段为西晋惠帝以后到前凉时期，多室砖墓继续发展，还出现了四室砖墓。此时的墓葬特点是不建耳室，绘画题材也有所改变，壁画墓的数量也明显减少，墓葬品的质量和数量都不如以前，并以明器为主；第三阶段为后凉至北凉时期，在国家动乱和经济衰退的情况下，简化了墓葬规模，具体表现在墓道缩短，规模变小，单式墓增多，墓室壁画极少，耳室基本消失。

---

① 甘肃省博物馆. 嘉峪关壁画墓发掘报告[M]. 文物出版社，1985：25。
② 甘肃省博物馆. 酒泉、嘉峪关晋墓的发掘[J]. 文物，1979(6).
③ 晋书：舆服志：二十五卷[M]. 北京：中华书局。
④ 甘肃省博物馆. 武威雷台汉墓[J]. 考古学报，1974(2).

第二节　墓葬空间分布

本节以河西魏晋十六国墓葬群作为研究对象，以历史时期特定区域的文化景观与地理事物为考察对象，阐述了河西地区独特的历史地理环境及其对该地区丧葬习俗的影响。河西地区的数万座魏晋墓广泛分布于戈壁、草原、沙滩之上，由于气候环境等原因，许多墓葬保存完好，为研究魏晋十六国墓葬壁画提供了新的实物资料。

▲十六国·北凉　甘肃酒泉果园乡丁家闸 5 号墓前室西壁中层　高 70 厘米　宽 78 厘米　墓室内景

▲彩绘砖画　甘肃嘉峪关魏晋墓照墙仿木阙门　墓室内景

▲山西运城临猗汉墓砖砌仿木结构斗拱　墓室内景

魏晋十六国墓葬在河西一带的武威、高台、酒泉、嘉峪关、敦煌发现较多。这些地点的墓葬多成群分布，如酒泉附近的墓群一处在城东，一处在西北与嘉峪关市的交界处；敦煌附近的墓葬经过较大规模的发掘，其布局似有一定规律，城西的祁家湾以中小型墓葬为主，而城东佛爷庙新店台一带部分墓主身份较高，在这里发现了若干规模较大的壁画墓葬。

▲种田畜牧图　彩绘砖画　新疆克孜尔千佛洞　墓室内景　魏晋

由于地理环境等因素的影响，加之战乱不断，魏晋时期大量人口迁入河西地区，致使中原文化与西域文化广泛接触、交流和融合，形成了河西地区特有的丧葬文化。据考察、调查及文献资料的查阅，河西地区墓葬空间分布情况如下：

一、武威（凉州）地区

分布在武威的古墓群主要有长城乡的前营汉墓群、东河乡的王景寨墓群、洪祥乡西沙滩墓群、新华乡的磨嘴子墓群、古城乡的五坝山墓群；民勤县的沙滩村墓群、薛百乡的黄蒿井墓群、大滩乡的北新沟墓群；永昌县朱王堡镇的流石沟墓群、水源乡的乱墩子墓群；山丹县马寨滩上的白墩子墓群、位奇乡的壕北滩墓群；民乐县的北部滩乡的北部滩墓群、三堡乡的韩庄墓群、李寨乡的砖包墩墓群、卧马山墓群、新天乡的王什寨墓群、永固乡的八卦营墓群。其中，武威雷台墓是一座跨越汉末魏晋时期的合葬墓。墓葬结构与中原地区东汉晚期墓葬相似，墓葬正东向，墓门开在斜坡墓道的尽头，墓门内是长长的甬道，前、中、后三个墓室与甬道呈一条直线，前室和中室的中间部分较低，周围和后室为高起的平台。前室和中室还各带两个和一个耳室[①]。武威煤矿机械厂墓和武威南滩1号墓仍然将前室的近四壁处和后室做成二层台状。南滩1号墓继承雷台墓葬的壁画样式，墓顶漆黑、白二色，中间砌藻井，用红、白、黑三色绘出莲花图案；墓壁用黑、白色涂绘出菱形、折线和条带状图案。

▲武威汉代雷台墓内景及壁画

---

① 甘肃省博物馆. 武威雷台汉墓 [J]. 考古学报，1974(2).

武威煤矿机械厂墓出土了铁马镫形器物和直百五铢[①]。武威南滩1号墓近方形，前后室的四壁都微向外弧凸，四角砌出半砖为灯台。

二、张掖（甘州）地区

张掖地区的古墓群主要分布在碱滩乡的架子墩滩古墓群、党寨乡的郭家沙滩古墓群、明永乡的黑水国古墓群、沙井乡的葫芦滩古墓群；高台县境内的许三湾古墓群、红崖子乡的大石落古墓群、六洋坝古墓群。还有位于高台县城西南20千米处的骆驼城，十六国时期的建康郡城所在地。在古城址周围砾石戈壁滩中分布有四大墓群，即土墩墓群、骆驼城南墓群、五座窑墓群、黄家皮代墓群，共计墓葬3000余座。已经发掘的墓葬有十余座。高台县城西北罗城乡河西夺地埂坡抢救发掘了5座墓葬，结构基本相似。

▶甘肃张掖许三湾魏晋古墓

骆驼城往西8千米处是许三湾古城，城址周围也有墓群分布，其中前秦建元十四年（378年）墓中有画像砖。高台县城南部的南华镇附近也发现一批东汉末至西晋时期墓葬。

张掖东面的民乐境内也有魏晋十六国时期墓葬发现。民乐县城东南16千米处的永固乡八卦营村发现大量古墓，其中有5座汉晋壁画墓。以1号墓为例，为前中后的三室土洞墓，前室左右带耳室。前室覆斗形藻井四边绘锯齿纹，中间绘方格纹。四壁均绘有壁画。

① 国家文物局. 1998中国重要考古发现［M］. 文物出版社，2000.

▲甘肃高台骆驼巷遗址

三、酒泉（肃州）地区

酒泉地区的墓葬主要集中在下河清墓群、高闸沟砖厂晋代太守墓、嘉峪关新城墓群、干骨崖古墓群、单墩子滩墓群、果园乡西沟、佘家坝墓群、崔家南湾墓群、丁家闸墓群等，所有这些墓葬中都不同程度地出现了彩绘砖画。

其中最集中、最完整的墓葬群分布在酒泉城西北 6 千米至 20 千米的地带上，在这宽约 6 千米、长约 16 千米的地域上，分布着大小一千余座魏晋十六国时期的墓葬群。

在这一墓葬群中，值得关注的是位于酒泉城西 8 千米处的果园乡丁家闸村乱石滩上的 110 多座晋墓群。这些墓葬群按照自然地形可以分为 7 处，时间大约为五凉时期的墓葬群，除了少数墓已被发掘以外，绝大多数尚未开启，保存完整。

在酒泉城西北的嘉峪关市东 20 千米，占地 13 平方千米的戈壁滩上，由嘉峪关市文物清理小组和甘肃省博物馆先后发掘了 13 座魏晋墓葬，其中有 8 座墓中出土了彩绘砖画 700 余块，保存完好，色泽鲜艳。其他还有酒泉市牌坊梁墓群、下河清乡的下河清古墓群、上坝乡的石庙子滩墓群、野猪狗墓群、临水乡的鸳鸯池墓群、北崖头墓群。

▲甘肃嘉峪关新城魏晋古墓遗址图

四、敦煌（沙州）地区

在敦煌以西戈壁滩上的祁家湾散布着数以万计汉唐以来的古墓群。1985 年，甘肃省文物考古研究所发掘了西晋至十六国时期的 117 座墓葬①。祁家湾大多墓葬出土有明确纪年的遗物，尽管没有壁画墓，但对于壁画墓研究不无裨益。

敦煌城东南的佛爷庙湾周围地区也散布着数以万计汉唐以来的墓葬。自 20 世纪 40 年代开始对佛爷庙湾墓葬就有发掘，到了 20 世纪的 60 年代直至 21 世纪初，甘肃考古工作者先后清理了古墓葬 600 余座，当中有一部分壁画墓，其中有不少反映世俗生活的彩绘砖画图像。

① 甘肃省文物考古研究所. 敦煌祁家湾——西晋十六国墓葬发掘报告[M]. 文物出版社，1994：3.

▲彩绘砖画　甘肃敦煌西汉古墓内景及壁画－1

▲彩绘砖画　甘肃敦煌西汉古墓内景及壁画－2

第三节　墓葬制度与生死观

一、墓葬制度

丧葬是中国古代社会中重要的活动之一，也是古代社会最重要的社会规范。孔子曰："慎终追远，民德归厚矣。"这不只是他个人的一种期望，也反映出丧葬之礼在当时社会中占有的重要地位。丧葬虽为重要的社会制度，但由于文献性质的关系，在甲骨文与金文中均缺乏有关的材料，到春秋时代以后的文献中始有记载。这些记载诚然会追溯上古时代的墓葬制度，但是否反映实际情况，而不仅是某种理想中的制度，就牵涉到文献的性质与真伪问题。考古材料的出现，当然可以补充或修正甚至否定这些文献记载。同时社会中所实行的墓葬制度可以反映出该社会的宗教思想，也可以反映出该社会的物质文化水平。

可以说，中国古代墓葬制度的发展，除坟丘的出现之外，还有棺具的变化。《礼记》载："有虞氏瓦棺，夏后氏塈周，殷人棺椁，周人墙置翣。"新石器时代的"瓦棺"葬，据文献《礼记》中之瓦棺乃根据汉代社会中薄葬者所用的"瓦棺"。寻绎《礼记》的文字记载，可以说明虞夏之时"犹尚简朴"的情况，而《盐铁论》中有关瓦棺的论述主要是彰显当时一种简朴的埋葬制度。

以大汶口文化中出现的"木椁墓"为起点，一直到西汉初年，大约有三千年的时间，中国的墓葬都以竖穴木椁墓为主。但随着汉代经济的发展，一些权贵豪族凭自身的财富建造更奢侈的墓葬，从而出现了墓葬形制由木椁墓转变为砖室墓，并逐渐朝着模仿生人居宅的形式发展。其中最关键的转变，就是空心砖墓由平顶变为人字坡形，与生人居住的房顶相似，再加上横梁、雕刻、壁画等装饰，更加强了其为"地下居所"的象征意义。墓形结构的改变代表了一种集体意识的改变，其主要内容就在于人们希望提供给死去的亲人一个与其生前比较相似的生活环境。

由于文献中反映出的中国古代墓葬制度是一种发展的趋势，并彰显出明显的等级观念，表现在墓主人的身份通常与其拥有的财富成正比，因此，墓葬也依身份地位来设置等级，所谓"天子棺椁七重，诸侯五重，大夫三重，士再重"。这是自西周以来就实行的一套固定的丧葬礼制。其礼制中有各种与死者身份相配合的埋葬制度，以鼎、簋、壶等青铜礼器的数目及棺椁的层数及大小为主要的指标。但到了汉代，葬制发生了较大的变化，主要随葬器由鼎、簋、壶等青铜器逐渐变为陶罐、盒、仆俑、车马、楼房、家禽。在此期间，还出现了具有象征或实质意义的装饰画像。汉魏时期的画像墓中，各类画像的主题包括了世间生活的各个方面，也包括虚无缥缈的神仙世界，反映了当时汉人的宇宙观。从而使厚葬的风气成了社会普遍的丧葬制度之一。

魏晋十六国时期的墓葬制度，大体上承袭汉代，但经过汉末的战乱，社会经济受到严重影响，统治阶级的厚葬之风不得不有所改变，逐渐倡导薄葬。

考古调查发掘证明，自魏晋十六国以来，规模宏大、雕刻精致的画像石墓已非常少见。权贵豪族的墓葬，一般都是二室、三室、四室的砖室壁画墓，在河西戈壁滩上可以看到大量遗存的魏晋壁画墓。尤其是墓葬的体育彩绘砖画图像是比较特殊的遗迹，体育图像的表现方式和内容与墓葬形制、制度互为依存。从宏观上看，中国古代丧葬活动有很强的稳定性和继承性，说到演变，汉唐之间经历了由厚葬到薄葬再到厚葬的变化，魏晋十六国恰恰是这个重要的转型期。由于魏晋战乱不断，经济凋敝，人们对传统的丧葬观念、习俗、礼仪、制度产生了怀疑，曾被人们遵循的传统，有了改变的必要，而此时佛教、道教甚至袄教的传布，因果报应、鬼神灵验以及魏晋“名士”趋雅逐俗、雅俗同体，创造了一系列如“邺下放歌”“竹林酣畅”“兰亭流觞”“南山采菊”“藏钩猜拳”“六博对饮”“巡游踏青”“炼丹服气”“百戏竞呈”等风雅韵事。魏晋人的自我意识与独立人格流布生活的各个领域，游戏、娱乐、竞技与养生是展示个性的极好手段，并以恬淡虚静的心境与达观飘逸的风度，从内外两个层面构成了魏晋人对“雅”的执着，对“美”的痴迷。这一切从魏晋十六国的墓葬制度、壁画墓和文献《晋书》《世说新语》等得到印证。

魏晋十六国壁画墓大量图像的内容远远超出了宗教的范畴，相当多的画面被狩猎、射礼、游宴、百戏、博弈、乐舞、角抵、相扑、马伎、走索、弄丸、骑射、扛鼎、竹马、投壶、筋斗等占据。所有图像都是为纪念或供奉墓主人而作，功利目的十分明显。这些图像试图以艺术形式来表达一个民族的感情，表现死者或其家族对祖先及自身文化的向往，是在浓厚的怀旧情绪下，再造了一个遥远而且逝去的故事。图像不仅传达了魏晋人的丧葬制度，而且也表现出魏晋人的生死观。

从文献资料与考古材料，我们可以推测，从战国末期开始，中国人对死后世界面貌有了比较具体的想法，也有了具体表达此种想法的墓葬方式。当然，此种想法的出现也许早于现有文献和考古材料所能提出证据的时代，但现有的各种证据至少显示，在经过战国时代的大变动之后，中国社会迈向一个新的阶段，墓葬制度的演变是这个大变动中的一环，不但反映出这种变动所触及的文化层面的深度，也反映出中国人对于人死之后的归宿已经有了相当成熟的设想。魏晋十六国之后，中国的社会和宗教都进入了另一个转型的时代，墓葬制度也随之发生了变化，人们对于来世生活的关心逐渐具体化，而墓葬制度的转变是推动魏晋丧葬文化发展的重要因素。

二、生死观

生死即是人生之必经之路，生死观的演变，是社会演变的体现，在思想史上十分重要。由于中国哲学思想偏向于道德及心性的讨论，几乎涵盖在怎样生存以体现生命价值的体系中，即以提高思想境界为主要目标，死亡并不突显为重要命题。因此，至今全面论述几千年来生死观念的文献并不丰富，而历代经典注释又彼此分歧，不易整理出一个头绪来。在我们研究魏晋壁画墓的过程中，发现魏晋十六国的墓葬制度的一个核心观点是“事死如生”，不仅墓室模仿真正居室的形式，而且墓中还置放逝者生前的生活必需品，包括了衣、食、器皿、钱币、车、马等，不胜枚举。

秦汉时期，人们认为人死后仍然以某种形态而存在。这就牵涉到有关灵魂的问题，这方面的研究集中表现于《楚辞·招魂》中，它反映了楚人对死者之魂飘到天地四方的想法[①]。而《礼记》又载：“魂气归乎天，形魄归于地，故祭，求诸阴阳之义。”认为人死之后魂归于天，魄入于地。学者孔颖达《五经正义》解释：“耳目之聪明为魄。”意为人的身体器官的作用是“魄”所造成的，因而魄为人的身体生命力的作用者。他又说，气为人口鼻呼吸出入的，气的本质（体）是没有知觉分辨的能力（性识）的，但人的知觉和分辨力却要靠气的存在而成立，有了“性识”之后，就可以供“神”的出入。如果以魂魄为相对的观念，孔颖达所指的“神”应该是说“魂”。魄为人身体生命力的作用者，魂应是人的知觉分辨力，也就是人精神生命力的作用者。若以“魄”即“体”，如“体魄”连用所显示招魂者所希望“魂”所复者应即为死者之躯体，而当魂的确无法复归于躯体，也就是确定死者复活无望之后，死者的家属才开始进行其他的葬礼仪式。而所谓的魂，其实是另一种可以游离于形魄之外的物质性精气。

生死观一直是人类思索的问题，不同时期的人有不同的态度。而魏晋人是将生死问题由春秋战国哲学的理性化转变为宗教层次的理论化的时候，外来的宗教，如佛教、祆教对传统生死观的影响较大，但丧葬并非严格意义上的宗教活动，它与佛教倡导的苦行修炼相异，也和道家的虚无缥缈不同，与祆教善恶体系关系也不大，大体是一个独自表述的系统。

迄于魏晋南北朝，中国的生死观变化有三个阶段：第一阶段是上古至春秋，中国人对死后世界没有复杂的设想，黄泉只代表简单的墓穴深度。但这个并不复杂的死亡世界，并不能免除人们心底的恐惧和威胁，鬼神虽然被先秦诸子以人文和理性消化和淡化，但在大众信仰中仍然扮演着重要角色。第二阶段是战国到秦汉，神仙思想兴起，尤其汉代社会，更是神秘气氛浓厚，所以墓葬里出现大量死后世界设想的装饰，升天更是众所渴望。第三阶段是魏晋南北朝，生死问题被吸纳进系统的宗教思想中，这时亦是中国历史上传统思想文化第一次受系统的外来思想文化影响。

中国先秦思想的基本主调是现实理性，即使涉及生死，重视的是生而不是死，更偏近哲理。魏晋南北朝无论外来的佛教还是由之影响而建构系统学说的道教出现，是中国传统思想内首次出现系统的宗教思想，而生死是宗教最重要的命题，所以魏

---

① 朱熹. 楚辞集注[M]. 上海：上海古籍出版社，1979：133.

晋南北朝的生死观，更侧重关注死后，这是中国社会思想中宗教意识的强化。在世界各古文明中，中国宗教思想最不发达，但是一般人的宗教需要并没有消失，观察升天图，可以探知其中透露出的宗教情绪。

我们从图像入手，以魏晋十六国墓葬体育彩绘砖画图像来研究生死观也是开创性的。魏晋人的休闲、娱乐和纵欲的人生观在死后的地下世界得以实现。而从壁画墓中所表现的各种体育活动来看，这些证据所呈现出魏晋人的死后世界，在表面上看是乐观、愉悦、无忧无虑，是理想生活中一个永恒的横切面。这也反映了人死后在地下世界同样可以享受百戏、角抵、狩猎、骑射、竹马、六博、樗蒲、围棋、舞蹈等活动，使人相信死后的生活基本上与生时相似。当然，河西地区魏晋人的厚葬之风气遂渗透于现实社会中，厚葬已不仅是为了表达生者的孝心，更是生者为了求得社会舆论的好评，甚至夸富乡里的必要手段。所以，魏晋十六国墓葬壁画图像表现的是死者在地下世界中的生活情景，其中有依照世俗生活而建构的部分，也有想象的部分，而且也有不少内容重复出现。从彩绘砖画规格化的情况看来，我们不能否认这些体育画像砖是根据理想的世俗生活以及世界观而绘出，但这些规格化了的体育彩绘砖画作用主要应该是为了希望借助图像之力而使墓主人有安乐的“死后生活”。因此，魏晋十六国壁画墓中的体育彩绘砖画图像不仅是对生前实际生活的描述，更是具有实质意义的一种随葬物。这种现象，被解释为古代人思维中对于图像所具有的神力的崇奉，即凡是可以绘画出的事物，在一定宗教仪式的转化下，即成为真实存在于此世或另一个世界中的事物。这种墓室结构以及壁画应是有机的组合，它们共同体现了魏晋人的生死观。而我们将墓葬制度、体育彩绘砖画等放到生死观变化的高度，作为魏晋十六国思想文化研究的一部分当是有价值的。

第二章

河西魏晋十六国墓葬体育壁画题材

河西魏晋十六国墓葬壁画中有相当丰富的体育题材，真实地记录了当时丝绸之路河西一带魏晋人的游戏、娱乐、竞技与养生等体育活动。尤其是河西地区正是东西方文明的交汇点，因此，对河西地区墓葬体育壁画的题材和内容等进行深入研究具有重要的现实意义。

第一节　墓葬体育壁画题材分类

墓葬体育壁画题材的分类是壁画墓研究的重要内容，分类有利于整体把握体育壁画的内容，是理解墓葬体育彩绘砖画内容的基础。通过题材的分类了解体育图像之间的关系，了解体育图像与墓室空间功能关系等，是研究体育壁画题材的意义所在。

河西魏晋十六国壁画墓的墓葬形制与体育图像题材和汉代墓葬相同，因此，河西壁画墓的题材分类应该以汉代画像石墓和壁画墓题材的分类成果为参考，再结合墓葬的地域特点进行分类。

有关墓室壁画题材的分类成果较多，主要分为反映现实生活、历史人物、祥瑞和神话故事、自然风景四类图像[①]。也有学者将题材分为天上世界、仙人世界、人间现实世界、地下鬼魂世界四大类[②]，其分类是以图像在墓室的象征意义进行的，此分类法可以将图像的位置、图像之间的联系全面地反映出来。

河西魏晋十六国壁画墓，将墓葬空间完全模仿成了墓主人生前的环境。墓葬大多分一室、二室、三室和四室等形制，每个墓室都象征着不同空间，壁画题材内容大体依各空间功能进行绘制。因此，在题材分类上应该重视壁画题材内容在墓葬中的位置及功能，这样可对汉魏以来的历史和汉魏体育有比较客观的认识，以免研究者带着主观臆断的方式去解读图像，造成割裂图像之间原来就存在着的有机联系和逻辑关系。

河西魏晋十六国壁画墓对于体育题材的分类应遵从人类的本能和人类身体文化的不断发展，结合人类的生物学动机和心理学动机而迸发出的游戏的内容来进行分类。古人历来是殚精竭虑地将自然界的物引入自己的生活圈以使生活环境充满人文与自然互补互映的情趣。

游戏也是走向体育的桥梁，其目的是体验源于过程的快乐。游戏可分为本能游戏和有组织游戏两大类。（详见表 1）

游戏的开展依赖于身体，人类作为有意识的生命，具有对自由向往的本性。游戏从本能上升到有组织的游戏，是人超越动物，实现人性升华的需要，因此它的本质功能和本真的价值是维护人的身心全面健康发展，成为人对自身的一种审美需要。

有组织的游戏可分为竞技性和非竞技性两种类型，它们各自设有规则。马球、角抵、蹴鞠、举鼎、竞渡等都是竞技性的游戏，而弄丸、筋斗、跳索等都是自身的角逐，注重技艺，不计输赢。棋弈虽属于竞赛，但并不应该是体育运动，赛马与马术应该是马匹之间的竞赛，马是竞赛的主

---

① 李发林. 山东汉画像石研究[M]. 齐鲁书社，1982：25.

② 信立祥. 汉代画像石综合研究[M]. 文物出版社，2000：62.

表 1　古代游戏的分类

- 游戏
  - 有组织的游戏
    - 竞争类游戏
      - 身体运动
      - 身体对抗和体力竞争
    - 非竞争类游戏
  - 本能游戏
    - 娱乐休闲类
      - 身体运动
      - 释放压力和放松身心
    - 养　生　类
      - 导引吐纳
      - 伸筋拔骨

角，而非是人之间的竞赛。从而我们可以进一步认识，竞技性游戏是身体的竞赛，并融入一定的宗教祭礼仪式，它的升华便是早期的体育。

我国从原始社会开始把游戏列为身体运动，人类将各种竞赛游戏，如拔河、竞渡、角抵、百戏、舞狮、舞龙等都融入宗教或庆典之中，各种游戏以仪式的形式出现，用来取悦上天祈求土地多产、天降雨水、延长生命、驱除恶魔、治愈疾病等，当然各种游戏活动也不排除人类追求自身的愉悦。

我国学者将游戏分为：手的游戏、脚的游戏、嘴的游戏、看的游戏、藏捉的游戏、棋牌游戏、综合游戏、其他游戏；从游戏的性质来看，可分为智力游戏、体力游戏、技巧游戏、制作游戏、观赏游戏、娱乐游戏等。我们从研究的视角，依据考古资料、古籍文献、出土的遗物等，结合社会学、人类学、民族学、民俗学等学科，对我国古代的游戏，依据游戏的特征、形式和方法等分为竞技游戏、益智游戏、岁时游戏、宴饮游戏、祭祀游戏等。（详见表 2）

表 2　中国古代游戏分类

游戏分类	游戏项目	主要文献
祭祀游戏	踏舞、角抵戏、驱傩、泼寒胡戏、百兽率舞、大武舞、百戏、迎神赛社、赛驼马神等	《二十四史》《后汉书·礼仪志》《酉阳杂俎》《论语》《吕氏春秋》《西京杂记》等
宴饮游戏	斗鸡、斗鹅鸭、投壶、六博、划拳、弄丸、宴射、百戏、流宴、斗草、斗花、斗虫	《吕氏春秋》《史记》《太平御览》《周礼》《春秋左传》《唐语林》《中国风俗通史》等

续表

游戏分类	游戏项目	主要文献
益智游戏	六博、樗蒲、双陆、握槊、弹棋、蹙融、围棋、象棋、骰子戏、叶子戏、升官图、麻将、藏钩	《艺文类聚》《演繁露》《汉书》《朝野佥载》《全唐诗》《资治通鉴》
岁时游戏	导引、五禽戏、八段锦、吐纳行气术、拔河、鹰猎、舞龙、舞狮、曲水流觞、踏青、登高、滑沙、垂钓、马术、鱼龙曼延、走索、乞巧、赏月、赏雪、泛舟、滑梯、捉迷藏、玩沙土、滑沙、跳索、竹马、空竹、秋千、吞刀吐火	《四库全书》《太平广记》《封氏闻见记》《全唐文》《乐府杂录》《中国古代养生四书》《周易参同契》《黄帝内经》《遵生八笺》《千金翼方》《事物纪原》《燕京岁时记》《宛署杂记》《百戏竹枝词》《东京梦华录》《清稗类钞》《帝京岁时纪胜》《清嘉录》《扬州画舫录》等
竞技游戏	石球、射术、射礼、宴射、御车、蹴鞠、击鞠、风筝、弄丸、陀螺、抛球、步打、驴鞠、冲狭、燕濯、拔距、曲踊、龙舟、水嬉、冰嬉、击壤、相扑、木射、投石、贵由赤、摔跤、赛马、翘关、举鼎、骑射、举象、跑步、跳跃、水秋千、弄潮、剑器、斗兽、拳术、捶丸、胡旋舞、剑器舞、采舞、叠罗汉、弹弓、倒立	《端午考》《荆楚岁时记》《汉书》《史记》《鞠城铭》《古今图书集成》《西京赋》《洛阳伽蓝记》《全唐诗》《文苑英华》《册府元龟》《三才图会》《武林旧事》《角力记》《述异记》《梦粱录》《宋史》《宋词》《元曲》《全唐诗》《梦溪笔谈》《宛署杂记》《帝京景物略》《艺文类聚》《岁时广记》《花底拾遗》《弄谱百咏》《五杂俎》《新唐书》等

▲魏晋雕彩绘斗鸡　甘肃酒泉丁家闸5号墓壁画

▲斗鸡　甘肃敦煌莫高窟第 285 窟壁画　南壁　西魏

▲斗鸡　高句丽(4世纪中叶)　藻井高约190厘米　吉林省吉安市洞沟古墓群禹山墓区中部舞俑墓　原址保存

▲斗鸡

魏晋十六国时期的游戏继汉代的游戏有了进一步的发展。壁画墓的画面表现力较强，建筑构件体量多变的特点决定了彩绘砖画的形式。墓室的砖面规格统一，形成众多富于变化的画面。在设计构思过程中，魏晋彩绘砖画的每个画面按视觉规律来确定画面的大小，形成鲜明的特点：一砖一画或多砖一画，每幅即构成一个完整的画面。并置的画面往往具有内容和形式上的关联性，形成连贯的场景；每个画面有明确的题材和内容，相应的情节关联，统一的构图方法；长宽的比例符合审美的要求；每幅砖画皆先在基色壁上以白灰刷底，墨线勾画轮廓，再着红、赭、灰等彩色绘制。体育图像大多绘制在照墙和墓室之中，题材主要是反映魏晋十六国时期人们在日常生活中开展的各种游戏与娱乐活动。我们根据调查和搜集的体育资料，对墓室中所表现的体育题材和内容进行分类，大致分为游戏类、竞技类、雅趣类、休闲类和养生类。其内容有竹马、纸鸢、踏青、宴饮、举重、角抵、百戏、狩猎、网鹰、驿传、六博、樗蒲、投壶、武术、舞蹈等。（详见表 3）

表 3　魏晋十六国墓葬中体育彩绘砖画题材分类表

题材分类	砖画内容
游戏类	竹马、纸鸢
竞技类	角抵、狩猎、网鹰、武术、驿传、举重、骑射
益智雅趣类	六博、樗蒲、投壶
百戏类	筋斗、乐舞、杂技
休闲娱乐类	宴饮、踏青
养生类	导引、服气、炼丹

第二节　墓葬壁画中的体育百态

敦煌（沙州）与酒泉（肃州）、张掖（甘州）、武威（凉州）四郡形成了一条狭长的走廊（河西走廊），长 1000 余千米，古为羌戎之地。由于其独特的地理位置和环境，使得华夏文明与其他文明在这里交流并留下丰厚的历史遗迹。这充分反映出不同地域、不同民族、不同生活方式、不同社会风俗、不同文化传承，经交流融合与渗透孕育出了独特的文化类型，表现出了独特的文化面貌。当然，这一地区的地理环境和少雨干旱的气候，也为墓葬画和墓葬砖画提供了可长期保存的环境条件。我们从时空坐标中不难看出，河西一带所发现的墓葬，大多是汉代和魏晋时代的墓葬连接在一起，有着一种连续性和整体性。如武威五坝山汉墓群（据探查共有 600 余座），酒泉清水乡下河清汉墓群（已发掘 24 座），古浪县落落墩汉墓群，永昌县朱王堡镇的流正沟汉墓群，水源乡的乱墩子汉墓群，山丹县白墩子汉墓群和壕北滩汉墓群，民乐县北部滩汉墓群，张掖市沙井乡的葫芦墩滩汉墓群，高台县许三湾古墓群，红崖子乡的大石落汉墓群等。在这些汉代墓葬群里也发现了一定数量的画像砖，与之后的魏晋墓画像砖有一定渊源。因为一个地区物质文化的面貌，往往不会因为改朝换代而发生突变，虽然也会表现出一些差异，但从总体上看大多是具有共性的。另外，从壁画和砖画的题材方面看，魏晋墓与汉代墓都表现出先祖特别重视人在宇宙中的地位，民俗中充满宇宙的象征主义信仰，还有生产消费、得道成仙、娱乐享受、养生长寿等内容。在这一点上，可以明确地看到魏晋墓葬壁画与汉代以来丧葬观念的共同性。因此，这些汉代画像砖墓无疑是当地魏晋壁画墓直接的渊源。

我们从视觉文化审视魏晋体育壁画，从人类学、身体学的理论去分析体育壁画的内涵，从图像学的角度去解读体育壁画，可见这些壁画表现出一种生命的活力，生死轮回在此得到展示，充分显示了魏晋人的博大胸襟。魏晋墓葬壁画展现了天、地、人、神在此相分相合，道、儒、释文化在此相离相聚。神圣的宗教信仰、质朴的礼仪民俗、传奇英雄人物、游戏、竞技场景都在此轮番出场，不仅看到伏羲龙身、女娲蛇身、巫师方术、熊傩驱疫，还能看到宴饮娱乐、歌舞乐曲、博弈游戏、角抵竞技、百戏表演、鱼龙曼延、弹丸冲狭、都卢寻橦、飞车倒挂、庭院献伎、蹴鞠、击鞠、东海黄公、竹林七贤、李广骑射、七盘神舞、力士托举、网鹰狩猎、军事出巡、手搏武艺、竹马、风筝、导引吐纳、炼丹服气，等等。魏晋墓葬壁画不仅展现了一个民族文化的形象史，文字记载以外的又一个世界，而且还再现了按照魏晋人愉悦自己身心的游戏、娱乐与竞技情怀，创造出千姿百态、美不胜收的体育壁画。

魏晋南北朝时期，虽然迎来了五胡十六国的战乱，但它绝非是一个单纯的“乱世”。因这一时期经济发展有了新的局面，即北方的农业与畜牧业缓慢发展，南方的士族庄园经济有了新的规模，并孕育出六朝文化，南北文化亦交相辉映，各种思想活跃，出现了文化上风流竞逐、异彩纷呈的态势，不由让人想起“邺下放歌”“竹林酣畅”“兰亭流觞”“南山采菊”等余暇休闲的故事。另外，五胡民族的大迁移，佛教的兴盛，佛教经典的大量引进和译介，僧侣济济、人才辈出。这不仅是对佛教的认同与皈依，还具有更深层的意蕴，反映了魏晋南北朝是一个充满信仰和追求生活享受的时代。与此同时，老庄思想盛行，道教的发展，天师道、黄老道的广泛传播，升仙思想与生死观在民间的形成，以及各种宗教祭祀的娱神娱人活动，岁时节日的各种庆贺游艺活动使魏晋人的生活有了一种新的超越。

今天遍布于河西的魏晋墓葬砖画，穿越了数千年的时空和数千里的茫茫戈壁沙漠，向现代人传递了绵绵不绝的信息，尤其是一幅幅精彩纷呈、形象生动逼真、风格朴实的体育画面，表达了当时魏晋人对现世生活中体育的参与和热爱。在这里，我们看到了魏晋人殷实富足的庄园生活；看到了魏晋时期体育已在人民群众中得到普及；体育寄寓着千百年来魏晋人民的生存智慧、道德理想和价值准则。魏晋人的生活在这里得到体现。在历史上的很长一段时间里，体育成为人们的“第一娱乐”和“养生之道”。

河西一带的魏晋十六国的壁画墓中所展现的体育形态十分丰富，它伴随着人与自然、人与环境、人与生存融合的顺应天地四时的自然生命节律。走进这个世界，狩猎、骑射、鹰猎、网鹰、弓射、习武、举石、百戏、角抵、乐舞、出行、驿传、竹马、筋斗、六博、樗蒲，及特有的养生之道，都会让人感到魏晋人生活的多姿多彩，那样的闲适清爽，甚至是那样的潇洒快乐、欣欣向荣，还有那顺天乐生的节俗心态，共同谱写了“四时俱兴”的旋律。墓葬壁画通过民间的视角、民间的意识、民间的逻辑，记录了逝去的魏晋体育的文化内涵，具体而生动地展示了魏晋人真实的生存状态和鲜活的生活气息。同时也使现在的人们感受到那个时代的精神风貌。

第三节　魏晋社会生活中的体育基因

体育的发生与形成，体育的萌生，是以人类及其史前文化的形成为基础的，它是艰深复杂的人类学课题。史前的体育伴随着人类进化而逐步发生。在远古时代，史前人类生活于满目洪荒的自然世界，作为人类文化因子的体育就孕育在混沌之中，孕育在人类的生命进程之中。因为这时的体育，尚未与其他游戏、娱乐、竞技等分化，人类的体育还处萌芽状态。在这个时期，体育行为最大的特点就是实用，是为生存需要而渗透在人类实践活动之中。

史前体育的萌芽主要在旧石器中期，至少经历了数十万年的进化过程。这一时期，人类处于原始状态，所食者多为野果、野菜，以及狩猎、捕鱼所获之物，所用猎具主要有木棒、石块、石球、石斧、石索等。它们也是各民族最为广泛使用的工具，以满足原始人类的生存需要。

对于原始先民来说，借助食物保全生命，借助生殖延续生命，这是人类本性中的基本需要。而在满足这两种需要的实践中，由这种满足所带来的建立在生理、心理基础上的最初级的“愉悦感”便产生了，这是一种生命的“快乐原则”，而这种“快乐原则”也正是人类精神需要赖以产生的重要基础。可以说，原始社会人类的体育就已经达到较高的水平，它是语言、文字产生前人类交流的手段，体育对于原始人就是生活空间、时间和其身体与灵魂的紧密结合，它不仅距离人类生命运动最近，是人类肉体生命的最高表现，而且也是人类精神生命的最高象征。它是人类情绪和智慧的最直接的表现方式。时至今日，人类仍没有也不可能脱离体育而生存。

在原始社会，动植物是人类食品的重要来源。为了攫取食物、维持生存和繁衍后代，人与自然之间、人与人之间的“冲突”就开始了，于是就出现了人与兽的追逐、搏斗，人与人为了抢占食品及配偶的相互搏斗，这种搏斗的手段和规则便是人类竞技文化产生的根基。“冲突”不仅推动了人类的进化，而且还促使人类创造了工具，这一时期距今约 300 万年。随着人类的不断进化，人类逐步知道白天和夜晚的变化，冷暖时节的变化对于生存活动的影响；知道木棒、石块可以抵御禽兽；知道水是生命之源。于是，人类的思维能力逐步形成，尤其是文化意识也在其间默默萌生。这样，人类又获得了比“工具”更加有效地实现物质需要的手段，也就是人类在狩猎过程中通过装扮猎物，借以迷惑猎物、靠近猎物，在取得狩猎成功之时，便获得了高于狩猎工具（石球、长矛、飞石索、弓箭）的实践手段。人与自然的冲突是原始社会的主要矛盾，人类依靠万物有灵的观念与大自然进行着殊死搏斗。人与自然的冲突最终走向按照“仪式”的方式来处理。在这种仪式中，人类由对自然的敌视而转向对自然的崇拜，在自然崇拜的基础上增加了英雄崇拜和祖先崇拜的两种崇拜观念，并发展为神灵崇拜。

一、模仿和游戏与体育之基因

模仿和游戏是原始艺术发生不可忽视之契机，也是人类文化史上重要的体育范畴。许多人文学者从不同的角度去探究它，得出了体育形成的基因。

（一）模仿

“模仿”，出自人类文化的前端，在许多方面，特别是体育理论的发展，具有不可忽视的价值。首先，“模仿说”揭示人类早期文化的客观现象，体现人类自身所独有的人性意识。在“模仿说”理论中，重视体育模仿活动的教化作用十分重要，体育模仿的结果，可以引起人的“快感”，人们可以在体育的活动中，排泄情绪，陶冶情感，净化心灵。这些主张，有益于体育教育及其理论研究的发展。可以说，作为人类行为的文化中的“模仿”现象总是人类进化及体育发生所必不可少的因素。“模仿”在人类体育发展史上的积极的渗透作用，将为体育的成熟与发展产生了不可磨灭的影响。所以说，人的模仿本能是体育发生的生理、心理基础。但仅有此基础，体育尚且不能发生。体育发生需要一定的文化动力，缺乏文化动力，模仿本能只能处在一种自然状态，只有文化动力才能使人的模仿本能在一定条件下走向体育。

（二）游戏

“游戏”没有什么悠久的历史渊源，然而游戏现象却贯穿于人类的历史，且从不分离。游戏是纯粹的，“不带有任何附属的功利条件，也绝对与劳动无关。它可以给人类带来多种感觉上的满足，而且这种满足仿佛是人的整个生命得到升华的一种感觉，因而也是身体舒畅或健康的感觉”。康德所说的游戏，是他的艺术本质论的组成部分，是人类的一种自由的感性愉悦活动。人类的游戏常常随着他们的各种社会、自然和自身因素的变化而变化，而且还或明或暗地蕴含着人的功利目的。例如，动物和人在很幼小的时候就开始在游戏中练习本领，小猫戏抓纸团是为了练习抓老鼠，女孩戏喂木偶是练习做母亲，男孩戏打仗是为了强化战斗本领。这些活动既是一种学习和练习的活动，也是一种本能满足的游戏活动。随着年龄的增长，人们的游戏逐步竞技化，并向竞技过渡，人们常常在游戏中通过自我炫耀等形式获得力量的快感和感情的愉悦。首先，“游戏之说”认为体育的发生与游戏密切相关，这是一种重要的发现。“游戏之说”把人的游戏冲动追溯到远古时代，甚至放在狮吼鸟鸣的动物世界中进行考察和研究，开启了人类的自由力量由古代向近代、兽性向人性、生理向心理、感性向理性发展的历史，这些研究使我们明白，体育、体育文化的发生是与人类的游戏紧密联系在一起的。

原始人在采集、狩猎和捕鱼等生产实践中，先后发明了木器、石器、骨器、石球、飞石索、索镖和陶器，并获得了各种技巧，这样，使许多原始体育的发生成为可能。尤其是生产工具和技能的不断发展，为体育的产生进一步创造了条件。四万年前，生活在中国山西阳高县的许家窑人，已能制造石球。最初，它是狩猎工具，用以制造成投石索，之后又逐渐演变为投掷链球和其他球类活动。

▲鸡趣图　彩绘砖画　甘肃嘉峪关魏晋 5 号墓

游戏实际上就是玩耍，而我国古人历来是殚精竭虑地将自然界的物引入自己的生活圈以使生活环境充满人文与自然互补互映的情趣。“玩耍”之风兴起后，所“玩”之物日益增多，人们对玩的意识也越来越强，并逐渐形成了一种十分重要的文化趋向。古人以“玩”的意识来推动着人们以艺术的眼光去观照一切，一切皆可“玩”，只看你有没有那种精神境界，能否“玩”得出“味”来。善“玩”者即使对简单的击壤、秋千、纸鸢等也能品悟出无穷的乐趣。“道存万物，唯智者能识之”，于是，万物皆可为师矣，这种“玩”带有浓重的理性色彩，不仅能缓解社会的紧张，而且还能启迪神志，化解心灵的烦闷，释放生活中受到的压抑，使人们陶然忘忧、自得其乐。

游戏是出于人的本能，是生命力旺盛的表现。而游戏本能背后的生物学动机和心理学动机是引导游戏走向体育的桥梁。游戏本身是为了体验活动过程的快乐，而不是结果。游戏的定义又十分宽泛，它包括嬉戏、跳跃、奔跑、投掷、摔跤、球戏、水嬉、赌博、国际象棋等。游戏可分为两大类，一类是本能游戏，另一类是有组织的游戏。

从原始社会开始，人们将各种竞赛游戏，如赛跑、投掷、摔跤、球类等都融入宗教或庆典之中，各种游戏以仪式的形式出现，用来取悦上天，祈求土地多产、天降雨水、延长生命、驱除恶魔、治愈疾病等，当然各种游戏活动也不排除人类追求自身的愉悦。

体育可分为游戏性的身体竞赛和竞技性的身体竞赛，而这些身体运动在古代都带有祭礼性质。从原始社会开始，人们就将舞蹈、角抵、百戏、投掷、赛跑等融入宗教仪式或庆典。体育始终在礼仪和祭典伴随下进行，礼仪的整体程序十分严密，要求进行礼仪的人对这种形式保持情感上的紧张。祭典和礼仪相反，昂扬的集体情感处于首要位置，进行祭典的人在程序与

▲鸡趣图　彩绘砖画　甘肃敦煌佛爷庙魏晋墓

形式上都显示出昂扬的情感。体育是两种形式兼有，礼仪的体育倾向于庄重、静谧、优雅，而祭典的体育活泼和激烈，这些特征从今天遗存的文献和文物中可以清楚地看到。

以上内容有关体育发生、形成至成熟，涉及原始采集狩猎、图腾崇拜、巫术信仰、祖先崇拜、宗教神话等，这些体育形态交互混杂，既渗透在原始人类的生活实践中，也集中体现在原始部族宗教的仪式场合。它不仅体现了人类的人本意识，标志着人类由动物状态的无意识向人类阶段的文明意识发展，标志着人类由被支配向支配、由感性的稚拙向理性的聪慧迸发。

第三章

河西魏晋十六国墓葬体育壁画的阐释

魏晋十六国处在汉帝国崩溃之后和隋唐王朝到来之前，是中国由统一陷入分裂的时代。这时期各民族所建立的政权相继分立，频繁的战争带来人口大规模的迁徙，宗教的传播，使不同民族的文化互相融合，与域外交流进一步加强，多元化的思想观念彼此影响，这为文化、艺术和体育的发展开辟了广阔的空间。这一切不仅见于文献记载，而且也反映在丰富的考古资料之中。

第一节　魏晋人的精神世界及游戏、娱乐、竞技与养生情结

人类的生老病死无情地带走了故人，带走了旧的岁月，带给了人们无尽的感伤。这种对生死的情绪反映了这样几层意思：一是对生命美好的爱惜；二是善待生命的美好，充分发挥自己的聪明才智，不负此生，不虚此生；三是无论如何困顿，人生永不舍弃。而魏晋人在生活中的时间慨叹，其内涵则更加深厚，他们以各种形式的休闲、娱乐与竞技活动来呈现对生活、人生、感性、世界的肯定和执着[①]。他们不仅仅是珍视生活，更是珍视人生价值，希望拿出自己生命的美好，在有限的生命之中成就健康长寿的企望。因此，魏晋十六国时期因为他们的存在而让你觉得生活是亮丽的，生命是新鲜活泼有力的。正因如此，在一幅幅流溢着浓浓的极具动感的游戏、娱乐与竞技的魏晋墓葬壁画图像中，再现了魏晋人按照自己的审美要求和娱乐及竞技情怀创造出的丰富多彩的体育生活。反映了如痴如狂地参与这些活动中的魏晋人追求的那种悠闲的境界，那种甚至连身体都摆脱了世俗的负担，和着天堂之舞的节拍轻松摇动的境界，反映了魏晋人在体育活动中扮演着另一种完全不同的角色，是一种对现实世界的超越，反映了娱乐地情绪高昂地表达自己的热情和精神气质后[②]，获得的身心的愉悦。也正是这种以“休闲娱乐”为美的生活观，魏晋人的旷达、豪放和从容，魏晋人回归自然和对生命意义不懈地探索与追求精神，让我们懂得了生活的过程不仅仅是事业、家庭，还要有忙里偷闲、闲情逸致。

魏晋人那种通过竞技比赛来获得愉悦、快乐的游戏方式，完全是人类智能活动高度发展的产物。它不仅反映魏晋时期的社会风尚习俗，表现出魏晋人特有的生活、行为方式，从而折射出文化的民族特色和时代特征。

魏晋人为了追求长寿不死，创造了涵养身体的“气”与“和”。提倡养生应重内在修炼，强调的是体气的流通顺畅，体内各部位的和谐通泰，及身体与自然的气息沟通，关心的是身体的内在和谐发展，追求的是身心的统一性，从而形成了魏晋人修身养性的不二法门。

---

① 李泽厚. 李泽厚集——思想、哲学、美学、人[M]. 黑龙江：黑龙江教育出版社，1988：103.

② [美]托马斯·古德尔，杰弗瑞·戈比. 人类思想史中的休闲[M]. 云南：云南人民出版社，2000：179.

第二节　魏晋十六国墓葬体育彩绘砖画的图像阐释

魏晋十六国墓葬源于古代的殉葬传统，古代人总想给死者多带一点东西到另一个世界去，然而，墓冢总是有限的，在实际目标不能达到时，有了以绘画为死者制造理想境界的想法，并逐渐成为一种实践。正是这些画像寄托了活着的人们的理想，于是墓室画便有许多人们向往的内容。阐释各墓室彩绘砖画的体育图像的意义，还是一件较为困难的工作，然而这也正是这些文化遗产引人一探究竟的原因。

►伏羲图　彩绘砖画
甘肃张掖骆驼城墓群　魏晋

▼女娲图　彩绘砖画
甘肃张掖骆驼城墓群　魏晋

对于河西魏晋十六国墓葬中有关体育画像砖的研究，我们力求从时代性、地域性两方面进行全面综合系统的梳理，并从具体的文化现象出发，深入地探究古代体育的本体特质、审美意味、形式机理、文化智慧、媒介传播，以及其在魏晋时期如何从相互混合到逐渐独立的嬗变规律。我们力图改变那种仅对客观材料进行罗列和简单分析、论证的著录式研究，从而逐渐摆脱了纯考古的类型分析和纯历史的题材考证，走向了考古、历史与体育史相结合的综合性研究。

魏晋十六国墓葬画就内容而言，具有表现生产活动多、豪族地主生活情况多、少数民族人物形象多的特点。而画像砖所描摹的体育形态正是在此基础上产生的。

西汉在河西置敦煌、酒泉、张掖、武威四郡，统于凉州，为十三刺史部之一。由于河西地区扼制两关，雄视丝绸之道，成为古代中西交通咽喉要道。自两汉、魏晋以来，随着中西文化和经济的发展，致使河西地区富豪栉比，大户林立；宗教广泛传播，寺院洞窟不断修建；随着儒家伦理与世人崇尚奢靡心理的结合，再加上世人对现世的留恋与对“来世”的祈求，导致河西历代皆极其崇尚厚葬，从贵族到平民，从士大夫到庶民皆在自己的社会等级基础上追求更高的墓葬标准，这种社会文化背景是造成河西地下历代墓葬建筑极其繁多与豪奢的原因。当然，上述墓葬群不是从魏晋时期才开始出现，而是有着悠久的传统和久远的继承。画像砖所描摹的体育形态则是历史现象的载体，是当时人们精神文化生活的真实反映。

20 世纪 40 年代，西北科学考察团在敦煌佛爷庙湾墓地发掘了十几座魏晋墓，其中发现的翟宗盈墓墓门上有门楼式照墙、雕砌斗拱和门阙，并嵌有彩绘画像砖。这些发现大都没有发表完整的报告。

20 世纪 50 年代，考古发现有甘肃酒泉下河清 1 号墓等，墓室内装饰画像砖。

20 世纪 70 年代（1972—1977 年），在甘肃嘉峪关新城墓群先后发掘 38 座曹魏到西晋时期的古墓，包括丁家闸 5 号古墓等。

以上考古发现，为研究河西魏晋十六国时期古墓积累了丰富的资料，反映出这一时期画像砖的基本内容，尤其是体育画像砖，更有助于我们梳理和阐释体育发展的历史过程。

一、魏晋南北朝的体育发展历史

魏晋南北朝时期国家处于大分裂战乱局面，但是在局部区域和特定时期有过相对安定与短暂统一的社会环境，如曹操统一北方和三国鼎立局面的形成，西晋短暂统一全国与“太康之治”局面的形成，北魏统一北方与东晋南朝局面的形成，即使是在混乱的十六国时期，也曾有过前秦短暂统一北方与凉州偏安河西一隅的相对安定区域，社会经济也并非完全遭到破坏和停滞不前，还是处于缓慢恢复与发展之中，这就为体育活动的开展提供了深厚的物质基础。

梳理魏晋十六国时期的体育，引发了我们深刻的思索：一是魏晋时期是我国体育发展的新纪元和转折点，即体育的繁荣从宫廷走向民间、由娱乐性走向竞技性。

魏晋体育的风行，在很大程度上是直接得益于汉代的积淀，但魏晋时期体育的发展较之汉代不仅有量的增加，而且有质的飞跃。魏晋人的文化显示了一种生活化、娱乐化的取向，这是魏晋十六国时期体育繁荣的一种显著特色。二是魏晋时期社会处于一个胡汉民族文化大碰撞、大交流、大融合的时期。西域中亚一带唐代与汉民族，都在政治、经济、文化、宗教、民俗、体育等方面相互融合、取长补短地生活着，使得魏晋十六国的各族人民的体育习俗虽然承袭了各自固有的传统，但各族人民的密切来往使很多本民族的游戏、娱乐与竞技活动开始向民众化的方向发展，并在胡汉各民族间广泛传播，如蹴鞠、马球、摔跤、踏歌、胡旋舞、双陆、象棋、狩猎、绳技、筋斗等。总之，体育作为魏晋十六国时期各民族文化的重要载体之一，其价值主要体现在两个层面：一是居于表层的，从中可以探究体育的具体规则和运动方式；二是深层的，从中可以窥见魏晋时期人们的生活习俗、审美情趣和精神状态。这也意味着，一个民族，只有当他充分认识并且发扬光大自身的文化物性时，才能脚踏实地、神凝气定地自立于世界民族之林。一个民族文化的特性既是历史的存在，也是现实的存在。人们关注历史，就是因为在历史长河中一直流淌着的滔滔汩汩的民族文化特性，仍然源源不断地注入现实的生命中，充实着、激发着民族文化的日新月异，并以其鲜明的特征在中外体育史上占有重要的地位。

体育在魏晋人的生活中占有重要的位置。文献和文物中对体育的记载主要可以归纳为四种类型：一是竞技游戏，二是智能游戏，三是博弈游戏，四是节日游戏。人们通过这四种类型的游戏以赛身体、赛技巧、赛技艺、争输赢为目的。其内容包括：蹴鞠、射术、角抵、百戏、水嬉、竞渡、举重、击鞠、武术、踏歌、踏春、舞蹈、六博、樗蒲、双陆、围棋、象棋、藏钩、投壶、斗草、斗鸡、秋千、竹马、风筝、绳技、登高、导引、马术、赛马、斗兽等等。从以上所述的各种体育形式的赛事活动中，我们不仅可以领略到魏晋人的勤劳智慧、勇敢顽强、团结协作、追求胜利的悠久传统，而且还可以领略到胡汉各民族通过体育活动加强沟通，增进团结，和谐相处的精神风貌。如魏晋十六国时期各族人民习射之风盛行，射箭技艺精深超凡者众多。《魏书·食货志》中记载了我国最早出现的“赌射”一词，它也属于一种射箭比赛。《南齐书·刘绘传》中也有“博射”和“兵射”的记载。由于魏晋十六国时期，射箭活动的广泛开展，带来了射箭理论的形成。当时“梁有《骑马都格》一卷，《骑马变图》一卷，《马射谱》一卷”（《隋书·经籍志》）。可惜这些著述早已亡佚。除文献之外，墓葬壁画、石窟壁画、器物中也保存有大量有关射箭的资料。

魏晋十六国时期，民间武术家汲取军中的武艺精华，并以“口诀”的练习形式授艺传徒，从理论上进一步使武术技艺得到了提高，这对于武术的传承具有极为重要的作用。1958 年河南省邓县发掘出土的南北朝时期的画像砖上，有四个军中战士列队行进在路途中，其中排在第一位和第三位的两名战士均为右手持楯，左手握刀，他们手中所用之刀就是一种刀柄端带有环状形的“环首刀”。

魏晋南北朝时期，刀成为最流行的兵器之一，善使刀的人也很多。《十六国春秋·前赵录八》有“陇上歌”赞其“骁壮果毅，武干过人，多力善射，持七尺刀，贯甲，奔及驰马”。

除了在军事作战中广泛应用，以刀术表演为特点的跳刀和掷刀也盛行于魏晋南北朝。《资治通鉴·晋纪》卷八五载，西晋义阳（今河南新野）人张昌，蛮族，武勇过人，尚力好斗。他曾“绛头毛面，挑刀走戟，其锋不可当”。

与刀一样，楯的应用在这时也十分广泛。当时，南方的刀楯表演十分精彩，表演者一手执刀，一手持楯，将两种不同特点的兵器结合起来熟练运用，备受观者欢迎。文献《梁书·王神念传》对此有详细记载。

魏晋南北朝时期，剑退出了刀兵相见的战场。但由于剑的历史地位与影响，剑的教化及舞用功能逐渐上升并由此形成了喜尚佩剑的社会风气。同时，舞剑也成为宴饮时的观赏项目。

据记载，“汉制，自天子至于百官，无不佩剑，其后唯朝带剑。晋世始代之以木，贵者犹用玉首，贱者亦用蚌、金银、玳瑁为雕饰”（《晋书·舆服志》）。剑虽然失去了特有的锋刃，但在装饰制作工艺上越加精美，在很大程度上，它是一种装饰和象征。

除刀、剑兵器舞练之外，拳术备受重视，并在军中和民间广泛开展。文献《资治通鉴》卷一百一十五，《北齐书·神武帝纪》《晋书·诸葛长民传》《颜氏家训》卷五《诫兵》中都有记载。

相扑、摔跤也是魏晋十六国时期极为盛行的一种竞技活动。

相扑，作为一种发展成熟的角力较技武艺活动，出现得较早，但“相扑”一词的出现则是在晋代。《太平御览》卷七五五引晋人王隐《晋书》曰：“颍川、襄城二郡班宣相会，累欲作戏，襄城太守责功曹刘子笃曰：‘卿君人不如颍川人相扑’。”

相扑又被称为相掊，葛洪《抱朴子内篇·崇效》载：晋时许多豪强贵族子弟喜爱“计渔猎、相掊之胜负”。

相扑活动在出土的文物资料中也多有反映。例如，出土于吉林省集安市洞沟高句丽时期“舞俑塚”的“相扑图”壁画。在吉林省集安市“角抵塚”中发现了另一幅高句丽时期的“相扑图”壁画。

南北朝之际，相扑活动盛行于宫廷内外，而且还有不少来自少数民族的相扑高手，真实反映了相扑活动在当时民间的俗习。在敦煌莫高窟第290窟内，绘有一幅北周时期悉达太子相扑图。

南朝梁乐安博昌（今山东寿光）人任昉《述异记》载：“今冀州有乐名蚩尤戏，其民两两三三，载牛角而相抵。”蚩尤戏是一种古老的较技争力的游戏活动，在南北朝时期仍有遗存。

魏晋南北朝时期，社会动荡，战事频繁，快步行走和奔跑成为一种技能，颇受人重视。《三国志·吴书·虞翻传》记载：“翻能步行，日行二百里，自征讨以来，吏卒无及翻者，明府试跃马，翻能疏步随之。”这里的“疏步”即大步，以大步随马行，显示了虞翻平时训练有素，掌握了快步行走的技能。除此以外，当时还有负重奔跑者。《太平御览》卷三九四引《晋书》载："陈安，字虎侯，骁壮果毅，武干过人，多为善射，持七尺刀贯甲奔及驰马。"

除了跑，跳也是当时一项很重要的技能。《资治通鉴·宋纪》卷一三四记载，宋顺帝升明元年（477年）秋七月，"戊子，帝乘露车，与左右于台冈赌跳"。胡三省注曰："台冈意即台城之来冈也。赌跳者，赌跳踯，以高者为胜也。"即以跳得高为胜者。

投掷也是当时一项军事武艺技能，但由于其普及性比较强，因而在当时的民间游戏中也出现了投掷的活动形式。最有代表性的是当时盛行的击壤。击壤是中国古代一项古老的投掷活动，《艺文类聚》卷十一引晋人皇甫谧的《帝王世纪》记载，帝尧之世，"天下大和，百姓无事，有八十老人击壤于道"。说明这一投掷活动形式的出现是非常早的。

将水上运动应用于军事训练，早在春秋战国时期就已经很盛行了。魏晋十六国时期，以游泳为代表的水上活动仍然作为重要的生产和军事技能。虽然文献对游泳这一运动形式的记载不多，但对游泳方面的许多能手的记载较为多见。如西晋将领周处，曾在水中做过非凡的表演。南朝梁、陈时期的名将周文育，也是一位水性极好的游泳高手。

投壶，是源自射礼的一种贵族游戏，深受古代士大夫喜爱，也是一种从容安详、讲究礼节的活动。早期的投壶还是一种被束缚于礼仪的宴宾活动。有一整套专门的礼节，投法也较简单、游戏性不强。约到汉武帝年间，把投壶用的箭改成了竹子做的箭，而且更细长。投出去的箭碰撞在壶底会产生弹性，有了弹性，箭就更为活跃了。因此，产生了投壶新法式"骁"。南北朝整个社会，好"骄蹇游逸，好狗马驰骋"。受这种风气的影响，投壶进一步受到文人的青睐，并对投壶用的壶进行了改革，特别是在壶上加了左右两耳，使投壶的名目更加繁多。投壶的娱乐性也大大增强。到魏晋南北朝时，投壶已摆脱了礼仪道德，不受投壶礼仪的束缚，对酒设乐，高歌投壶，技法多样，非常自由，这一方面说明魏晋时期文人既看重礼仪道德，不弃投壶之礼，但又不甘于被礼仪束缚，因此投壶规则有了较大改变，将原来投壶只求投中，改造为箭矢跃出，挂于壶口之上。这也可以看出魏晋时期玄学思想，企图通过宇宙万物现象，直接探求其本体和本性。有关投壶的资料不仅在文献《颜氏家训·集解》《西京杂记》《隋书》中有记载，而且在考古出土的画像砖、壁画、绘画中也保存有古人进行投壶游戏活动的图像。

六博是古代的一种智力游戏。它不仅具有悠久的历史，而且对后来其他博弈游戏的产生具有较大的影响。山东、四川出土的汉代画像石、画像砖，甘肃出土的六博人俑，湖南出土的博具都可以印证六博游戏在汉魏时期的风行。其他诸如樗蒲、骰子、双陆、围棋、象棋、弹棋等也先后问世，大量的出土文物和现存的文献都可以证实它们在当时风行的程度。

盛行于汉魏时期的百戏，至魏晋十六国时期，内容更是丰富多彩，娱乐性和表演性也更强。

据《宋书·乐志一》记载：魏晋十六国时期“犹有夏育扛鼎、巨象行乳、神龟抃舞、背负灵岳、桂树白雪、画地成川之乐焉”。夏育扛鼎指举重节目，是以春秋时期卫国大力士夏育的名字命名的。这种举重表演，南朝梁时称为“舞轮伎”。巨象行乳指驯象表演，由汉代“白象行孕”演变而来，即象被驯得能随音乐旋律而跳跃舞蹈。《三国志·吴书·贺齐传》云：“权出祖道，作乐舞象。”以象踏节舞，是南方的风尚。《魏书·乐志》记载说，北魏道武帝拓跋珪于天兴六年（403年）冬曾下诏：“太乐、总章、鼓吹增修杂伎，造五兵、角抵、麒麟、凰皇、仙人、长蛇、白象、白虎及诸畏兽、鱼龙、辟邪、鹿马、仙车、高絙百尺、长趫、缘橦、跳丸、五案，以备百戏。大飨设之于殿庭。”另如洛阳长秋寺，每年四月四日举行百戏演出，届时，“辟邪师子，导引其前。吞刀吐火，腾骧一面。缘橦上索，诡谲不常。奇伎异服，冠于都市”（《洛阳伽蓝记》）。洛阳城南的景明寺，每逢四月八日，“梵乐法音，聒动天地。百戏腾骧，所在骈比”（《洛阳伽蓝记》）。“吞刀吐火”是来自西域、天竺的幻术，“腾骧”是马戏，“缘橦上索”就是空中走钢丝。

举重，古代又称拓关，也称“举关”或“翘关”，是指单手擎起城门大闩，以举起重量和次数的多少来决定高下，与现代举重运动颇为相似。《左传》记载孔子的父亲叔梁纥在鲁国攻伐偪阳的一次战斗中，曾有双手顶住重逾千斤的悬门（城关），救出了入城的鲁军。对孔子也有类似的记载，《列子·说符》说：“孔子之劲能拓国门之关，而不肯以力闻。”《吕氏春秋·慎大》也说：“孔子之劲，举国门之关。”

始于春秋时期吴越水域的龙舟竞渡，经过两汉三国时期的发展，至两晋南北朝时期，已经具有一定的规模和形式。但由于社会环境的影响，这时的龙舟竞渡活动主要是限于江南地区。从史料分析来看，龙舟活动由民俗性转向真正的竞渡性，应该出现在晋末。西晋周处所撰《风土记》一书曾有这样的记载：“仲夏端午……踏百草，竞渡。”（《北堂书钞》卷一五五《五月五日》注引《风土记》）这应该是古籍中首次出现“竞渡”一词，反映出至少在西晋时期，龙舟竞渡已经开始流行了。

南朝梁时的学者宗懔在其《荆楚岁时记》中，记载了当时江南地区所盛行的龙舟竞渡的情况。文中讲：“按五月五日竞渡”，①说明端午节竞渡在这时的江南地区已经成为较为普及的传统民间体育活动。

两晋南北朝时期的舞蹈，南北风格有很大的不同，南方更多地继承了华夏旧有的舞蹈，北方则带有明显的胡汉融合的色彩。

南方的舞蹈统称为“杂舞”，从相关文献的记载来看，当时的主要舞蹈有四种，如公莫舞、白纻舞、鞞舞、杯盘舞。

北方的舞蹈主要受中亚一带各民族的

① (梁)宗懔.荆楚岁时记[M].长沙:岳麓书社,1986:36.

影响，胡旋舞、胡腾舞、柘枝舞等开始盛行。唐代的墓葬壁画、敦煌莫高窟壁画、山西虞弘墓等都有其身影。

登高这一节俗，体现了人们驱邪避灾、健康长寿、生活幸福的美好愿望。南北朝时，登高避灾变成了郊外休闲，人们对于重阳节驱灾避邪的节日意义逐渐淡漠，而在节日中追求快乐愉悦的娱乐习俗则逐步成为主流。现存的文献中有详细记载。

休闲性民间体育活动的盛行，是这一时期民间体育活动发展的又一大特色。包括藏钩、登高、秋千、骑竹马、跳绳、斗百草、印沙以及儿童游戏在内的娱乐色彩极为浓厚的活动形式，在当时独特的社会形态的影响下，随着不同民族间的文化交流，相沿成俗。文献《魏书》《晋书》《荆楚岁时记》《南史》《北齐书》中均有生动形象的记载。

养生在先秦就分动养、静养两种形式。动养即指导引养生，导引是以气引领一些专门模仿动物动作组成的。静养主要是指静坐养气。南北朝由于道教在社会上得到重视，同时佛教渐渐融入，这些使南北朝的养生得到进一步的发展。

魏晋时期养生之术包括“服丹”“养气”“导引”，这些方法一是通过入静养气，二是炼气与肢体柔性动作的结合，即导引术。

二、魏晋十六国墓葬体育彩绘砖画内容阐释

魏晋古墓体育考古学的研究是中国体育考古学的重要组成部分。在历年田野考古工作中，墓砖画的调查发掘是一项重要内容。河西魏晋古墓分布地域广泛，砖画内容多样，包含着丰富的信息，可以加深我们对魏晋十六国时期社会生活及古人追求健康长寿幻想的了解。这种幻想带有魏晋人意识形态的性质，它以符号的方式在魏晋十六国时期的视觉图像中得到象征性的表现。作为刻画在古墓砖画上的图像，系统地表现了古人的宇宙、时空、生死、人鬼、仙妖、生活、娱乐、休闲、养生、军事等观念，天地人都在一个大的象征系统中得到了符号的呈现。图像也隐含着魏晋十六国时期人们的思想观念，如魏晋盛行的孝子廉吏和谶纬符瑞思想观念、忠君观念，崇尚阳刚，偏好武力。尤其是对身体享乐的特殊喜好。在画像砖的画面上，就绘有众人聚集宴饮乐舞、百戏等欢乐场境，人们以此得到精神快感和身体享受。自魏晋以来人生的主题就是养生长寿、得道升仙，将人的整个生活的意义都导向满足身体之需要。

（一）狩猎

自古以来，河西一带的游牧民族就喜好弯弓骑射，在甘肃河西黑山地区的岩画中，就刻有不少狩猎的场面，这说明聚居于这一带的民族有着悠久的狩猎传统。另外，河西位于西部边陲，毗邻西域各国，战争连绵不断，所以狩猎也是当地驻军练兵习射的一种重要军事手段。

狩猎早在我国周代和春秋时期就有了，《诗经·小雅·巧言》载：“跃跃毚兔，遇犬获之。”据说，当李斯丞相将要被处死时，就曾经谈到过他所珍爱的一只灰色的苍鹰。秦汉以来，更有臂鹰牵狗以为乐的记载。

宫中苑囿皆蓄鹰。汉灵帝“数微行，出幸苑囿，观鹰犬之执，极槃游之荒”。公元 5 世纪至 6 世纪时，汉人和胡人的聚居之地河西一带，人们普遍喜爱放鹰走狗。兔子也是汉魏时期的主要食品，有“免斯首，炰之燔之”之说。在我国汉魏的画像砖庖厨画面中，有供烹饪用的兔。

汉魏时期专设“鹰坊”，宫廷上下网鹰、驯鹰、贩鹰、献鹰十分风行。当时社会人们普遍醉心于放鹰走狗，皇宫中的大鹰坊紧邻狗坊，鹰坊里养四种猎鹰，其中最珍贵的是金雕。当时的西部边陲地区，专门训练优秀的猎鹰作为贡品献给皇帝，此外，还有从西域各国进贡的文豹、猞猁等。

从丝绸之路的河西地区先后考古出土的墓葬壁画、文献及石窟壁画中都有许多关于古代狩猎的资料。如自 1979 年以来，先后在敦煌、嘉峪关、张掖等地区的魏晋墓中发现了许多有关狩猎的图像。

1972 年至 1973 年嘉峪关市文化部门和甘肃省博物馆共同清理了一批魏晋古墓群。在这些古墓的墓葬中保存了大量反映弓箭文化的视觉形象，它的载体主要是墓葬彩绘砖画。嘉峪关市的墓葬狩猎彩绘砖画，都是当时现实生活的写照。画面所反映的狩猎方式基本上是天上的飞鸟，或田野林间的小动物，如野鸡、野兔、野狐等，它们都体形小而奔跑又快，猎人一般都采用射猎方法来获取。画面的构图简练，形象生动，运动感强，使内容和形式完全统一，表现出浓厚的游牧民族的生产气息。例如，嘉峪关市新城 1、4、5、6、7、12、13 号墓中，均保存有彩绘砖画狩猎图、骑射图等，画砖大部分长 36.5 厘米—39 厘米、宽 17.5 厘米—19.5 厘米、厚 5 厘米。

在甘肃嘉峪关市新城 1 号墓中的狩猎图中，三人骑马射猎，一人反身持弓开弓射向猎物，另外两人骑马围住猎物，画面栩栩如生；还有一幅围猎图，画面中三匹马各自奔驰，三名狩猎人同时开弓射向猎物，猎物也向四处奔跑，场面看上去十分壮观；在嘉峪关市魏晋 3 号墓的壁画中，一人骑马在奔驰中持矛刺叉向猎物；嘉峪关市魏晋 4 号墓的壁画中，一人在奔驰的战马上反身持弓射向猎物；嘉峪关 12 号墓照墙下部，绘有射猎图，为射鹿、射羊图像。

▲狩猎　彩绘砖画　甘肃嘉峪关门阀士族庄园

▲射猎　甘肃嘉峪关魏晋Ⅰ号墓

▲围猎　彩绘砖画　甘肃嘉峪关魏晋 1 号墓

▲射猎　彩绘砖画　甘肃嘉峪关魏晋 3 号墓

▲狩猎　彩绘砖画　甘肃嘉峪关魏晋 3 号墓

▲骑射　甘肃嘉峪关魏晋 3 号墓

▲骑持口　甘肃嘉峪关魏晋 3 号墓

▲射猎　彩绘砖画　甘肃嘉峪关魏晋 4 号墓

▲射猎　彩绘砖画　甘肃嘉峪关魏晋 4 号墓

▲狩猎　彩绘砖画　甘肃嘉峪关魏晋 5 号墓

▲狩猎　彩绘砖画　甘肃嘉峪关魏晋 5 号墓

▲射猎　彩绘砖画　甘肃嘉峪关市魏晋 7 号墓

▲射猎　彩绘砖画　甘肃嘉峪关市魏晋 7 号墓

▲射鸟　彩绘砖画　甘肃嘉峪关市魏晋 5 号墓

▲射鸟　彩绘砖画　甘肃高台县骆驼城魏晋古墓

▲狩猎　纹模印方砖石刻

嘉峪关新城1号墓前室西壁北侧有一幅《鹰犬狩猎图》，编号为27。画面是三名猎者，一人放鹰追逐猎物，第二人右臂架鹰，正欲放飞，第三人正放出三犬追逐逃兽。

嘉峪关新城4号魏晋墓前室西壁，绘有一幅《鹰猎图》，编号为40。画面表现两名猎人在奔跑，其中1名猎人手持鹰架，放鹰飞捕逃兽。

▲鹰猎　彩绘砖画　甘肃嘉峪关魏晋 I 号墓

▲鹰猎　彩绘砖画　甘肃嘉峪关魏晋 4 号墓

嘉峪关新城 5 号墓绘有三幅鹰猎图。其中第一幅为前室北壁西侧的《驯鹰狩猎图》，编号为 61。画面是一猎者骑马奔驰于田野林间，右臂上有一只鹰，前方有鸟惊逃，猎人正欲放鹰追逐。第二幅为前室西壁的《架鹰图》，编号为 62。画面是一名狩猎者右臂架鹰，左手平上举，掌心向上，似乎正在训练架在右手上的鹰。第三幅是《放鹰狩猎》，编号为 17。画面是一猎人左手持鹰架，放鹰捕捉 3 只野鸡。

► 鹰猎　彩绘砖画
甘肃嘉峪关新城魏晋
5号墓

► 鹰猎　彩绘砖画
甘肃嘉峪关新城魏晋
5号墓

► 鹰猎　彩绘砖画
甘肃嘉峪关新城魏晋
6号墓

嘉峪关新城6号墓前室东壁，绘有一幅《猎鹰图》，编号为8，画面反映一猎人手持鹰架，放鹰抓兔。其他还有三幅相同的《狩猎图》，分别在前室北壁，编号分别为7、23、50。画面绘有飞逃的3只野鸡和逃窜的4只野兔。

嘉峪关新城7号墓前室北壁绘有一幅《猎鹰抓兔》，编号为9，画面反映了一只猎鹰飞捕逃窜的野兔。另一幅编号为14，画面是一猎犬正在追逐逃窜的狐狸。前室东壁绘有一幅猎鹰追捕飞鸟的画像，编号为15。

▲狩猎　彩绘砖画　甘肃嘉峪关魏晋7号墓

▲猎人　彩绘砖画　甘肃嘉峪关新城魏晋13号墓

嘉峪关新城 13 号墓前室西壁，绘有一幅《鹰抓兔》，编号为 26—28，画面反映了一只飞鹰正在追逐一只惊逃的野兔。

20 世纪 70 年代初至 21 世纪初，在甘肃高台县的骆驼城、许三湾、苦水口、地埂坡等地区的魏晋墓室中，也相继发现有许多架鹰狩猎、犬猎和鹰猎的画像砖画。

▲射猎　彩绘砖画　甘肃张掖高台县出土

▲狩猎驾鹰　彩绘砖画　甘肃张掖苦水口魏晋墓

▲狩猎驾鹰　彩绘砖画　甘肃张掖高台县出土

以上叙述的彩绘鹰猎画像砖，都是当时现实生活的写照。画面所反映的鹰猎对象基本为天上的飞鸟，或是田野林间生长的小动物，如野鸡、野狐、野兔等，为我们深入研究魏晋时期的体育文化提供了极其丰富和珍贵的形象资料。

鹰抓兔是魏晋猎兔的方法之一。在墓葬彩绘壁画砖中，既有猎人用鹰抓兔的场面，也有鹰抓兔的单个形象，在河西的魏晋古墓彩绘壁画砖上，我们可以看到猎人放鹰抓兔的过程。猎人手臂或鹰架上的鹰，是专门用来捕捉飞禽走兽的，这些鹰并非野生的鹰，而是猎人专门喂养用来狩猎之鹰。这些画像表明我国自汉魏时期已有专门的驯鹰狩猎之举。

鹰，亦称苍鹰，目光敏锐，性情十分凶猛，捕食能力较强。驯鹰难度很大，有一套特殊的驯养方法，需要一定的时间。驯鹰一般从幼鹰开始，驯养时将鹰放在一丁字形的鹰架上，嘴上套上皮套，以防啄人。驯鹰之人守在鹰旁，拿一小棍棒，只要鹰一合眼就用棍棒敲打，不许它睡觉，要一天 24 小时守着，名曰“熬鹰”，直到鹰的性情温顺为止。同时不能一次喂饱，以防造成对主人的依赖，使它要有自己捕食的能力，然后再慢慢训练其捕捉猎物。在北朝时，驯鹰之人称为“鹰师”[①]。在隋炀帝大业四年（608年），曾“征天下鹰师悉集东京，至者万余人”[②]。可见我国古代驯鹰非常盛行。在嘉峪关魏晋4、5、6号古墓的彩绘壁画砖中均有手持鹰架或手臂架鹰的鹰师形象……[③]

魏晋时期，敦煌地区受西域一带游牧民族的影响，鹰猎、驯鹰等十分盛行，在边塞军队中也以鹰猎来训练骑士的体能和体力。敦煌文献中有许多记载，例如，在归义军衙府有当时网鹰的记载。

敦煌当地有鹰坊，S.6981卷《兄弟社转帖》注有“鹰坊”，这里既是网鹰人、驯鹰师的集居地，也是买卖鹰的交易场所。而且养鹰也是为了贵族游猎和牧民狩猎、娱乐。

若捉到特异之鹰，可作进贡用。《旧唐书》卷19《懿宗纪》上：“（咸通七年）七月，沙州节度使张议潮进甘峻山青骹鹰四联。”[④] 隋唐时的甘峻山在张掖郡，合黎山的东南，现名龙首山。当时张议潮统一河西，故以甘峻山之鹰献之。青骹又名苍鹰，乃鹰之名品。《广志》曰：“一岁为黄，二岁为抚，三岁为青。”三年的苍鹰极凶猛，也极难捕捉，故以稀物进贡。当时还把追逐猎物的过程作为一种娱乐。P.3715《类书》[⑤]、P.2552+P.2567《唐人选唐诗》之《行行[且]狩猎篇》[⑥]《敦煌马太守后庭歌等诗》[⑦]都有形象生动的描述。还有P.3776《俗务要名林》中记述：“弓箭武艺、垛习武、斗战战敌、狩猎射猎、击球打戏、放鹰飞飞、奔犬走狗。”这说明，鹰猎、犬猎在敦煌地区已广泛盛行，而且把马球与狩猎联系在一起，作为一种寻求欢愉刺激的娱乐，而在陕西乾县李贤墓的墓道一侧所绘的打马球图也是与狩猎活动在一起进行的，这充分表明狩猎和马球都是唐代马上文化的重要组成部分。

敦煌地区的网鹰一般是从七月开始直到九月底。P.4640卷《衙府纸破历》：己未年（899年）“七月廿二日支与网鹰人程小迁画纸壹帖（伍拾张）”。《布破历》：“（九月十日）支与把鹰人程子迁等叁人各支粗布半疋。”画纸是供外出行人遇险难时祈赛之用，说明七月即将出外网鹰。P.2629卷《酒账》：“八月廿九日支捉鹰神酒壹斗，卅日捉鹰人神酒壹角（十五升）。”S.6309残卷：“网鹰人麦叁斗。”S.5008残卷：“网鹰料用麦贰斗。”其中酒和麦不是给网鹰人的酬值，“神酒”作祈赛用，因为网鹰是孤身置于野外，既要与鹰搏斗，还可能遇到猛兽等伤害，故需求助神的护佑。麦子是专供网鹰之料。P.2629卷《酒账》：“（九月）十七日支平庆达等酒壹角（十五升）”，“十八日支平庆达等捉鹰回来酒壹瓮（六斗）”，

① 魏征. 隋书：炀帝上[M]. 北京：中华书局，1973.
② 同上。
③ 徐俊. 隋魏澹《鹰赋》校订—敦煌文学文献零札之一[J]. 文献，2003(2)：36-44.
④ 刘昫等. 旧唐书：第19卷[M]. 北京：中华书局，1972.
⑤ 法藏敦煌西域文献：第27册[M]. 上海：上海古籍出版社，2001：46.
⑥ 法藏敦煌西域文献：第15册[M]. 上海：上海古籍出版社，2001：316.
⑦ 法藏敦煌西域文献：第8册[M]. 上海：上海古籍出版社，2001：116.

“十月二日支清汉等网鹰酒壹斗”。此酒是对网鹰人的奖赏。

鹰猎是魏晋墓彩绘壁画中的主题之一，是伴随着我国丧葬习俗而出现的一种艺术形式，是古代人灵魂不灭观念的延续和发展。因此对其进行历史考察，进一步深入了解鹰猎文化传统的内部时空传递和延伸，可以加深人们对于魏晋南北朝历史和古代体育史的认识，具有重要的历史和体育价值。

嘉峪关魏晋古墓彩绘砖画驯鹰狩猎图像和敦煌有关网鹰的文献记载，是考古发现的珍贵资料，也是历史现象的载体。它不仅体现了人类生存过程中的一种觅食方法，也体现了网鹰是人们的一种娱乐和竞技方式，体现出我国劳动人民在寻求生存的过程中所显示出的智慧，同时也体现出竞技运动丰富了人们的生活，满足了人们的心理需求。前人借鉴了鹰在捕猎飞翔中的竞技动作，创造了武术中的“鹞子翻身”“鹰拳”，体操中的翻腾动作，戏曲中的翻打跌扑和大鹏展翅等身段，舞蹈中的鹰舞等。同时，通过对魏晋古墓彩绘鹰猎砖画的研究，还可以发现，构成魏晋人对世界的认识，并不是自然性的，而是人文性的。人类借鹰猎使虚无的生命获得生存的价值，而彩绘砖画的鹰猎图像的朴实表现，也充分显示出魏晋文化的形象化特

▲少女搏虎　彩绘砖画　甘肃敦煌佛爷庙湾魏晋第 91 号墓　现藏于甘肃省文物考古研究所

▲射虎　彩绘砖画　甘肃张掖高台县出土

佛爷庙湾1号墓壁画题名为“李广”，见于敦煌地区的照墙之上，为较多地方出现的题材之一。由李广拉弓射箭和山中猛虎两个画面组成，各占一个砖面。李广骑在一匹正在奔驰的马上，回身拉弓。虎从山中跃离，中矢挣扎。李广射虎图大多位于照墙下段的重拱之上部。

李广为汉代名将，《史记》《汉书》中均有传，善骑射。其射虎的故事至今仍在广为流传。就射虎内容，《史记·李将军列传》载：“广出猎，见草中石，以为虎而射之，中石没镞，视之石也。因复更射之，终不能复入石矣。广所居郡间有虎，尝自射之。及居右北平射虎，虎腾伤广，广亦竟射杀之。”① 《汉书·李广传》的记载与此相同。与李广射虎图像类似的还有射牛、射羊图，其构图形式相同，唯所射对象不同。

►李广射猎　甘肃敦煌佛爷庙湾出土　前凉　现藏敦煌市博物馆

◄李广射猎　彩绘砖画　甘肃敦煌佛爷庙湾出土　西晋

① (汉)司马迁. 史记:一〇九卷:李将军列传[M]. 北京:中华书局,1963:2871-2872.

◀李广射虎　彩绘砖画　长 31 厘米　宽 15.8 厘米　1995 年出土　西晋　现藏甘肃省文物考古研究所

◀李广射猎　彩绘砖画　甘肃敦煌佛爷庙湾出土　西晋

◀李广射猎　彩绘砖画　甘肃敦煌佛爷庙湾出土　西晋

▶射牛
砖画石刻

▶中矢猛牛
砖画石刻

▶采桑、弓射　彩绘
砖画　甘肃嘉峪关
魏晋 7 号墓

在狩猎画像砖中还有一幅少女刺虎图，砖面表现出一少女手持长矛正刺向一张口露齿的猛虎。

而魏晋墓葬壁画中所描绘的“犬猎”“鹰猎”与打马球联系在一起，这帮助我们可以思索狩猎与马球的渊源关系。也证实了人类只有了解了驯化的本质，人们才能理解人与动物关系。其实，体育可以被看作人对自己的驯化能力及成就的自我愉悦。当人们用竞技化的形式把驯化动物的能力表达出来时，人类文化史上便出现了人与动物的共同游戏，也就是“马戏”“马术”“马球”等。毋庸置疑，马戏、马术、马球是对人类进化史或文明史的一种体育的再现。因为在长期孕育的狩猎文化中，狩猎者在骑马狩猎过程中，通过对鹰、犬追逐

▲红地对人兽树纹刺袍－1　新疆尉犁县营盘 15 号墓出土　汉—西晋　现藏新疆文物考古研究所

▲红地对人兽树纹刺袍－2　新疆尉犁县营盘 15 号墓出土　汉—西晋　现藏新疆文物考古研究所

各种野兽时所产生迅疾矫健，跳踔入云的竞技性动作的模仿，以及狩猎者用矛追杀猎物所产生的冲动，创造出了骑马速度的较量以及猎者骑马追打猎物等，这一体育竞技因素融入了马上击物游戏的痕迹。随着文化的发展和人类思维的进步，这种马上游戏渐渐接近于成熟的马球运动。同时，通过对魏晋墓葬壁画中犬猎、鹰猎等图像的研究，发现人对动物的驯化和进行骑马狩猎活动，对日后马术、赛马、马球等竞技体育的孕育和形成有着直接的影响。

►狩猎　壁画　4 世纪
吉林集安高句丽舞俑墓

►敕勒川狩猎　北魏
内蒙古河林格尔县北魏壁画墓　高 113 厘米
宽 163 厘米

◀出猎　高句丽(4 世纪)
吉林集安市舞俑墓墓室西壁
左侧　高 110 厘米　宽 135 厘米

▼猎猪　高句丽(6 世纪)
高约 40 厘米　宽约 50 厘米
1970 年吉林省吉安市洞沟古
墓群长川墓区长 1 号墓出土
原址保存

▲山水狩猎　木刻　山西大同市智家堡村北魏墓　北魏

▷猎猎　山西沂州九原岗北朝壁画墓　北朝

◀围猎－1　山西沂州九原岗北朝壁画墓　北朝

◀围猎－2　山西沂州九原岗北朝壁画墓　北朝

（二）游戏

游戏是儿童生活和成长的重要内容。它不仅有益于儿童身心的健康发展，而且还能提高儿童的认知能力。同时也是启发儿童认识社会、接受教育、提高思维能力的重要途径。

儿童游戏古人称之为“戏弄”“儿戏”“婴戏”，其本质是由人类的本能而产生的活动，大都是在年龄相近的儿童之间进行，所谓“童子少年，以类相娱游”[①]。另外，家庭也十分重视对女子进行各种亲子游戏，如唐代诗人白居易就经常与孩子们一起参加游戏活动，他的诗作《弄龟罗》载：“有侄始六岁，字之为阿龟。有女生三年，其名曰罗儿。一始学笑语，一能诵歌诗。朝戏抱我足，夜眠枕我衣。”[②]描述了他与女

① 搜神记：卷八：荧惑星[M]. 113.
② 白居易集笺校：卷七：闲适[M]. 393.

►骑竹马　甘肃敦煌莫高窟第 9 窟壁画东壁门南侧　唐

▲骑竹马　彩绘砖画　甘肃敦煌佛爷庙湾 36 号西晋墓

▲叠罗汉－1　甘肃敦煌莫高窟第 220 窟壁画南壁
初唐

▲叠罗汉－2　甘肃敦煌莫高窟第 220 窟壁画南壁
初唐

儿和侄子一起游戏的情景。由于儿童有较强的模仿能力，因此自汉魏以来，在民间创造了许多诸如“老鹰捉小鸡”“陀螺”“滚铁圈”“嬉水”“狼吃羊”等游戏。游戏，也是儿童发自天性的一种有意识的本能活动。可以说，大多数儿童都十分喜爱游戏活动，如竹马戏就是汉魏以来最为多见的儿童游戏，《后汉书》卷三一《郭伋传》就有记载。其后，儿童的竹马游戏屡见于文献记载。如《晋书》卷七七《殷浩传》记载：“少时吾与浩共骑竹马，我弃去，浩辄取之，故当击我下也。”敦煌文献《维摩诘经讲经文》载：“孩儿渐长成童子……捉蝴蝶，趁猧子，弄土拥泥向街里。……五五相随骑竹马，三三结伴趁猧儿。”[①]敦煌莫高窟第 9 窟的东壁也绘有一名儿童身着花袍，左手扶竹马，右手执一竹梢，作赶马之鞭。另外，在敦煌佛爷庙湾 36 号魏晋墓葬中，有一幅描绘母子嬉戏的彩绘砖画。画面表现出一位身着白裙红袍的母亲跪坐在地上，正与一名儿童进行竹马游戏。此项游戏经历代艺人的提炼、改造，最终演变为竹马舞、竹马灯等戏剧艺术。同时，竹马游戏与岁时节日相结合，进一步扩大了竹马游戏的影响力和感染力。

（三）**百戏**

散乐百戏是中国古代表演性体育的一个母体，它在魏晋南北朝时期得到了很大发展，有了丰富的内容和精湛的技艺。散乐百戏有歌、舞、斗、伎等表演形式，具有综合性、技艺性、表演性、惊险变幻性等特点。它是以游戏为形式、以娱乐为目的，集各种技艺为一体的大众娱乐项目，是体育发展过程中的一种形态，孕育了体育之外的杂技、舞蹈等多种艺术形式，而且保持自身的表演形态，并不断发展。

散乐百戏的种类很多，可以说雅乐正声之外的带有娱乐、表演性质的节目都归入此类，百戏只是散乐的一部分，因为百戏在各个时期涵盖的表演节目不一样，对它的称呼也时有变化，但总体上，在伎艺表演性方面，百戏是散乐的主要构成部分，所以有时又把它与散乐合用，甚至代表散乐。其实，即使在魏晋南北朝以至隋唐，百戏一词使用比较频繁的时候，百戏与散乐还是大不一样的。

散乐百戏之“百”为多、为杂，百戏之“戏”为戏弄、为游戏，百戏可以叫杂戏、多戏，百戏是一种体育、乐舞、杂技、幻术等多种表演技艺的合成，是中国古代的综合性表演艺术之一，也是古代的体育形态之一，它的早期是秦汉漫延之戏，在汉代又受到西域等地传来的多种技艺的影响，从而得到了迅速的发展，到魏晋南北朝时期它又有了新的发展机遇。

散乐百戏的源头应该在春秋战国时期，春秋战国时期就有侏儒扶卢、优倡侏儒为戏、弄七剑、弄丸等表演项目。秦时有了很大的发展，1999 年 3 月到 4 月，秦陵考古队在秦陵东南侧发现了一座面积近 800 平方米的陪葬坑，在已开挖的 9 平方米的坑道中，发现了 11 尊彩绘百戏俑，

---

① 敦煌变文集:卷五[M]. 683–684.

以及他们用以表演的鼎、矛、陶盆等器物，证实了当时百戏已经成为秦王朝的宫中之乐。《史记·秦始皇本纪》记载：“秦每破诸侯，写放其宫室，作之咸阳北阪上……所得诸侯美人钟鼓，以充入之。”以至咸阳“妇女倡优，数巨万人；钟鼓之乐，流漫无穷”。秦统一了六国，自然也统一了六国的文化，不同区域的文化、不同表演形式、不同技艺集合在一起，这对于文化的发展是非常有利的，也有利于百戏这样的杂戏的形成和发展。

根据《文献通考》卷一四七“散乐百戏”等史料文献记载，在魏晋南北朝时期散乐百戏的表演项目是非常丰富的，但在各个时期有一些不同，而且不断有所增减，大体情况如下：

魏时主要沿袭汉代已有的百戏项目，如巨兽、鱼龙、漫延、弄马、倒骑、跳丸、缘絙、掷剑等，增加了水转百戏。

两晋时期的百戏项目大致有：高絙、紫鹿、跂行、鳖食、齐王卷衣、笮鼠、夏育、扛鼎、巨象、行乳、神龟抃舞、背负灵岳、桂树白雪、画地成川等。

北魏时期歌舞大兴，这与北方民族喜欢歌舞的传统有关，也与当时的统治者喜欢歌舞升平、贪图享乐有关。北魏武帝拓跋珪在天兴六年（403 年）冬下诏书增修的杂戏，共有五兵角抵、麒麟、凤凰、仙人、长蛇、白象、白武，以及各种怪兽、鱼龙、辟邪、鹿马、仙人车、高絙、百尺长、趫幢、跳丸、剥驴、投井、植枣、种瓜等等。

北齐时百戏的项目大致有：鱼龙漫延、俳优、侏儒、山车、巨象、拔井、种瓜、杀马、剥驴、窟礧子等。

北周时则有代面、钵头、踏谣娘、羊头浑脱、九头狮子、弄白马、意钱、寻橦、跳丸、吞刀、吐火、旋盘、觔斗等，还增加了象戏。

南朝宋、齐时的百戏有高絙、紫鹿、跂行、鳖食、齐王卷衣、笮鼠、夏育扛鼎、巨象、行乳、神龟、抃戏、背负灵岳、桂树、白雪、画地成川、凤凰衔书、天台山等，其中的凤凰衔书为宋、齐所增加的项目。

梁时在宋、齐的基础上又有修改，设有剑掷、舞盘、舞轮、刺长追花幢、受猾、车轮折脰、须弥山、黄山、三峡、长蹻、跳铃、跳剑、掷倒、吞剑、青丝幢、一伞花幢、雷幢、金轮幢、白兽幢、掷跷、猕猴幢、啄木幢、五案幢、咒愿、辟邪、青紫鹿、白武、缘高絙、变黄龙、弄龟等，陈时的几个帝王都贪图声色之乐，其散乐百戏主要沿袭梁的传统。

散乐百戏的主要表演形式大致有歌、舞、斗、伎等，有的偏于歌、舞，有的偏于斗、伎。

1. 歌，这是散乐百戏表演的重要部分，虽然散乐百戏的许多项目是以动作表演为主，但散乐百戏的演出一般不是单项的演出，往往与歌舞相结合，或者是歌舞相伴，有些项目也可以借助歌舞的节奏来协调表演，如《洛阳伽蓝记》中的景乐寺常逞伎寺内“歌声绕梁，舞袖徐转，丝管嘹亮”。

2. 舞，歌与舞本来是密切相关的，在散乐百戏这样的表演中，更容易把歌、舞综合在一起，同时在百戏中还专门有以舞蹈为主的表演项目，如鞞舞、铎舞、拂舞、巾舞、舞盘伎、舞轮伎等。

3. 斗，在百戏之中斗是其最早的形式之一，也是其发展中不断被丰富的部分，如角抵、举鼎等，就是以较力、较技为主的项目。

4. 伎，在百戏中偏于伎的项目是非常多的，如仙人车伎、高絙伎、剥驴伎、投井伎、植枣伎、种瓜伎等，这里的伎是以技与术为主的表演项目，其中包括武术、马术、杂技、魔术、巫术等众多内容，表演动作非常灵巧多变，具有较高的观赏性。

散乐百戏的一个总的特点应该是一个字“散”。散，可以单独地表演一个、多个项目；散，可以是不同的项目没有固定程序的表演；散，可以不断地被增减。散乐百戏的基本特征大致可分为：

（1）综合性。综合性是散乐百戏的突出特征，散乐百戏的得名大概就是因为它是众多门类的技艺综合。戏的本意主要是游戏，有些游戏由于其伎艺难度较大，其表演者就只能是专门的人员，这样便有了专门表演某类伎艺的艺人，早期的武术、体育、杂技、舞蹈、魔术等都是与一定的游戏相关的。散乐百戏，当是众多娱乐为主的游戏的综合，是多门艺术的综合。同时，散乐百戏的表演又不是简单的各个项目的集合，而是在一定的时间和地点、一定的演出场合下，有一个整体的安排的综合性伎艺演出。

（2）表演性。散乐百戏是伎艺表演，它的各种效果都是通过艺人的精彩表演来实现的，如傅玄《正都赋》中所载“材童妙妓，都卢迅足，缘修竿而上下，形既变而景属，忽跟挂而倒绝，若将坠而复续，虯萦龙蛇，委随纡曲，杪竿首而腹旋，承严节之繁促”。散乐百戏代表了一定时期的表演水平，提高和积累了表演技巧，是那段时期娱乐文化中的佼佼者，丰富了我国古代的文化，是古代多项表演艺术的早期形态，同时也是中国体育的早期形态。

（3）惊险、变幻性。散乐百戏的大多数项目都具有超常的表演技艺，具有惊险离奇、变幻多样、似真亦幻的表演效果。如怪兽、吞刀、吐火、杀马、剥驴等表演是非常惊险刺激的，如变黄龙、植枣、种瓜、画地成川、凤凰衔书、天台山伎、须弥山伎、黄山伎、三峡伎等是变幻神奇的。

（4）技艺性。散乐百戏的技艺特点是非常突出的，因为其中的大多数表演项目都是依靠一些特定技艺的，其中有魔术，有武术，有技术，有表演等。散乐百戏的许多项目本身就以伎命名，这也标明了它们在伎艺方面的特殊性，如猕猴幢伎、长桥伎、跳铃伎、踯倒伎、跳剑伎、高絙伎、弄椀珠伎等等。百戏重戏，强调它的娱乐性；百戏重伎，强调它的技艺性，如水转百戏。

总体看来，散乐百戏是以技艺为基础、以游戏为形式、以娱乐为目的演出，它是大众的娱乐项目，来自民间，却又深受官方的引导。它是体育发展过程中的一种形态，并孕育了体育之外的魔术、杂技等多种形态，可以说散乐百戏是中国古代表演性体育的一个母体。

基于以上讨论，我们不难看出，中国传统乐文化的发展演变乃是古代体育孕育生成的关键之一。作为体育的文化母体，从巫乐文化到礼乐文化和俗乐文化的嬗变构成了体育的一个历史生成的过程与具体的文化语境。

当时盛行于河西敦煌一带的西凉乐与龟兹乐是坐贾行商、将帅士卒、普通百姓的重要娱乐活动。所有这些在敦煌魏晋墓葬砖画中都有着广泛的表现，如嘉峪关 4 号墓，前室西壁北侧，有一幅《行吟弹唱图》，画面描绘一人怀抱琵琶，正在弹奏乐曲，后随一人双手高举手铃，边舞边唱。

▲百戏　甘肃嘉峪关魏晋墓出土　甘肃酒泉博物馆藏

酒泉丁家闸东晋十六国 5 号墓，墓的前室西壁中部，有一幅《墓主燕居行乐图》，宽 80 厘米，长 250 厘米，它是由多块画砖拼合成的，构图分为左右两部分，画面右边表现墓主的燕居生活。在朱屋世檐下，墓主身着朱文彩衣，端衣榻上，观赏着伎乐表演。墓主身后侍立着男女仆人各一。画面左边为歌舞伎乐的场面。左侧上部为一支跪坐演奏的乐队，后排坐的三个乐女演奏着各类乐器。左侧下部为百戏表演，两名云髻高梳、身着间色彩衣的赤足女伎，在一条长席（或毡毯）上翻跟斗。

▲百戏图筋斗(局部)　彩绘砖画　甘肃酒泉丁家闸 5 号墓西壁　十六国

▲百戏(局部)　彩绘砖画　甘肃酒泉丁家闸 5 号墓西壁　十六国

我们运用现代竞技体操的技术理论来分析论证：该画面左面一女伎翻的是软翻或手翻之类动作，右边女伎翻的像是“踺子”(侧手翻内转)，她两手依次着地，身体侧向，两腿分开并稍向内转，由于右手尚未撑地，故身体重心没有在支点上，由此可知，该技术是“踺子”翻转过程，而绝不是什么“人倒行而足舞”之类的表演。并且据《宋书·乐志》所载：“晋成帝咸康七年（341 年)，散骑侍郎雇员臻奏曰：杂技而伤人者宜除之。”因此，在当时百戏表演中的倒立行走等均被禁止。《墓主燕居行乐》的“百戏”画面，在乐的伴奏下，进行着跟斗翻腾表演。画面还反映出当时的翻跟斗已备有专门的场地器材，所绘长席颇似现代技巧运动单人跳跃项目的地毯。另外，画面上两名表演者年龄较小，身材不高，这说明，古人在“百戏”技艺的训练中，已经注意到儿童体轻、柔软性强等适合早期专门训练的生理特点。

“筋斗”一词的起源可见于明代于慎行《谷山笔麈尘》的典故。典故出自《战国策·燕策》，即张仪为秦破合纵时讲述的一段故事。于慎行从这段故事里揣测出“金斗”的词义，认为“后之二人以头委地而翻身跳过，谓之金斗，想其形类为名耳”。

▲胡人杂技俑（局部） 山西大同曹夫楼村墓群出土
现藏山西博物院

而以《战国策》为“筋斗”一词的典故出处，显然十分勉强，“金斗”的典故与“筋斗”大相径庭，但也启示出“筋斗”是一个谐音词。《西游记》载：“我（悟空）会驾筋斗云，一个筋斗十万八千里路。”由此可见，小说中所描绘的筋斗，也需要纵身起跳的技术。作者运用的手法，却将“筋斗”所具有的翻腾空间的内涵表现得淋漓尽致。当然，孙悟空的筋斗神通广大在中国民间广泛流传，但他不是首创，早在禅宗的语录中，就有关于筋斗的记载，《续传灯录》集成写道：“虚空翻筋斗向新罗国里去也。”“翻筋斗向拘尸罗城里去也。”《宋史》也有记载，筋斗在宋代是可以登大雅之堂的技艺之一。《宋史》卷一四二《乐》第一七载：“百戏有蹴球、踏蹻、藏擫、杂旋、狮子、弄枪、铃瓶、茶碗、毡龊、碎剑、踏索、上竿、筋斗、擎戴、拗腰、透剑门、打弹丸之类。”

宋代的禅宗语录显示，借鉴筋斗表现禅悟，正是因为筋斗具有超越空间的能力。如圆悟佛果禅师（980—1052）的语录，多处提及筋斗：“普化当时翻筋斗，未审此意如何。师云：跳出金刚圈。只是虚空里打筋斗。”普化，是当时的一位僧人，他曾以翻筋斗的形式表现禅悟。他的事迹可从《宋高僧传》《景德传灯录》《佛祖历代通载》等文献中得以知晓。普化的筋斗具有跳出金刚圈，摆脱束缚的含义。普化是唐代人，生长在幽州。文献记载，幽州地区是戎夷交杂、胡汉汇聚的地方，而且长期受胡风的影响，居住在这里的汉族早已胡化。幽州地区与西域民族之间有着广泛的联系，文化上也相互融合，技艺方面也相互交流，而普化的筋斗词汇也带有胡人文化的背影，因为，“筋斗”一词在唐以前的文献中找不到，可见“筋斗”是外来词汇。《罗摩衍那》的故事中有罗摩和猴王大战罗刹的一段情节使用了筋斗的技巧。文中有“罗摩旋转”“猴子南乐翻筋斗”等字句，从对音的角度加以分析，“筋斗”应是一个基于伊朗语以 gart 为词基的词的音译，于田语可为佐证。再有考古文献记载，历史上曾有粟特人的部落在中国出现。而在粟特人的语言当中，却不见直接源于 gart 的词汇，但有表示转、轮转的词语，它基于 Wrt 这个词根，“筋斗”的音译建立在 gart，表示“转”的伊朗语汇构成了“筋斗”的对音。这也意味着，筋斗应来自胡人的创造。

这里还需说明的是，体育中的“筋斗”未必是外来的技艺。因为，在山东安丘董家庄汉墓出土的汉画像石上，已可见到顶竿上的翻腾动作。但在唐代以前的文献中，却见不到“筋斗”一词的使用。而至迟于唐代出现了“筋斗”这个新的词语，崔令钦的《教坊记》《太平御览》，《唐会要》均记述了筋斗这门表演技艺。但是，在唐代，筋斗不构成单独的节目，它主要融汇于顶竿等百戏之中。除丁家闸的壁画墓之外，在民乐八卦营的壁画墓中也有反映百戏表现的艺伎。

▶现藏山西博物院
北魏

（四）角抵

上古时期，我们祖先对生命力的追求是十分顽强的。然而，在变幻莫测的自然面前，他们仍然不时出现疑惑、惊恐和怯懦。于是，他们不得不从想象的幻影——超自然物（神鬼妖魔等）中去寻找慰藉，借助力量，寄托希望，于是包括图腾崇拜、祭祀仪式和原始神话在内的原始宗教意识便在生命的顽强挣扎中产生。也可以说，正是这种普遍存在于人类祖先头脑里的原始意识，决定了角抵在最初就是人的一种精神需要，是人类生命的一种存在方式。

中国古代社会的角抵资料，主要保存于神话传说等口头流传、文献典籍等书面记载，以及岩画、壁画、雕塑与绢本、纸本绘画等图像描画之中。在中国已出土发现的角抵文物，为我们考证角抵活动在中古时期开展的情况，并进而为探究它的本体发生和历史演进提供了弥足珍贵的例证。

从文献资料的研究分析来看，角抵起源于巫觋，但由于资料匮乏，尤其是视野狭窄，20 世纪 80 年代以前的中国体育史研究学界，始终未能对中国古代神话、仪式与中国古代体育的关系予以充分的注意。如果我们用体育史学的眼光审视上古神话和祭祀仪式，便会从中清晰地看到一条以角抵为主要特征的特定的人类生命线索。

上古神话中的华夏祖先也是一种亦人亦神的形象。远古初民将彼时彼地人类氏族与氏族之间、人与兽之间的生命冲突，演绎为最早的神话。黄帝战蚩尤这一神话，正是初民对于生命冲突的充满幻想色彩的记录。

典籍中关于蚩尤的记载很多，择其要者有“蚩尤姓姜，炎帝之裔也”，“蚩尤兄弟八十一人”，“人身牛蹄、四目六手、头有角”等。蚩尤最终被黄帝执而杀之：“传言黄帝与蚩尤战于涿鹿之野，黄帝杀之，身体异处，故别葬之。”

关于“蚩尤戏”，《述异记》记载最为详细：“秦汉间说，蚩尤氏耳鬓如剑戟，头有角，与轩辕斗，以角觝人不能问。今冀

◀角抵图　墓室东壁壁画
高句丽(4 世纪中叶)
高 170 厘米　宽 320 厘米
吉林省吉安市洞沟古墓群
禹山墓区中部角抵墓
原址保存

州有乐名‘蚩尤戏’，其民间两两三三，头戴牛角而角觝，汉造角觝戏，盖其遗制也。”

上引所谓“蚩尤兄弟八十一人”，说明蚩尤并非一人，而是一个氏族，而“人身牛蹄”“四目六手”“头有角”以及“铜头铁额”等，则是这一氏族的图腾（牛）形象。蚩尤最终为黄帝所杀，但整个氏族投降黄帝后，反被黄帝组成了一支勇武善战的武装力量。在后世的民俗祭祀中，蚩尤被当作黄帝手下的一名武将而与黄帝共享供奉。《史记·高祖本纪》记刘邦起兵，“祠黄帝、祭蚩尤于沛庭”，《封禅书》记齐祀八神，“三日兵主、祝蚩尤”。由此可知，蚩尤在当时的民俗祭祀中，是以战神的形象出现的。而初民带角相抵，不仅是对祖先图腾的崇拜感情的流露，而且是作为对自身旺盛的生命活力的一种显示和发泄。他们在争斗角逐中，在手搏摔倒的竞技中，享受到一种生命的快感。被我们祖先最早称之为“戏乐”的角力，就是这样孕育于生命，表现着生命的冲突。

秦代，角力正式更名为“角抵”，并在宫廷流行。《史记·李斯传》记载：“是时二世在甘泉，方作角抵优俳之观。”将角抵与优俳放在一起进行，足以说明角抵所具有的观赏性。汉代有名的角抵戏《东海黄公》，则同时流行于民间与宫廷：“三辅人俗用抵为戏。汉帝亦取以为角抵之戏焉。”但《东海黄公》之前的蚩尤戏、角抵戏，其中是一种戏弄式的角抵，与作为体育竞技的角抵是有区别的，《史记》和《汉书》中均有注释。

▲角抵　高句丽(4世纪中叶)　墓室东壁壁画　高170厘米　宽320厘米　吉林省吉安市洞沟古墓群禹山墓区中部角抵墓　原址保存

◀角抵　高句丽(6 世纪)　高约 60 厘米　宽约 40 厘米　1970 年吉林省吉安市洞沟古墓群长川墓区长 1 号墓出土　原址保存

▲角抵　墓室东壁壁画　高句丽(4 世纪中叶)　高 170 厘米　宽 320 厘米　吉林省吉安市洞沟古墓群禹山墓区中部角抵墓　原址保存

汉武帝时，社会经济的繁荣有力地推动了角抵的发展。角抵由“两两相当，角力、角技”的基础上与舞蹈、杂技、幻术等相融，从而形成了一种综合歌舞、扮演等为一体的角抵戏。角抵和角抵戏既有一定文化关系，又有各自特点，前者逐步走向竞技性，后者却向以扮演为主要特征的戏剧方向发展。

除民众之外，汉代的宣帝、成帝、明帝、顺帝等，都十分喜爱角抵类竞技娱乐。

在秦汉之后，角抵一直繁衍到魏晋南北朝，其名目亦各种各样，曰：角觝、角柢、角戏等，但总不离竞技的属性。由此，人们对角抵便有些形象化的揣测和解释，除南朝任昉《述异记》之外，在《晋书》和《江表传》中也有关于角抵表演的记载。另据《角力记》引《荆楚岁时记》载：“荆楚之人，五月间，相伴为相竞之戏，即相扑也。”“相扑”一词出现得较晚，见于《太平御览》引《晋书》载：“襄城太守责功曹刘子笃曰：‘卿郡人不如颍川人相扑。’笃曰：‘相扑下技，不足以别两国优劣。’”隋唐的角抵更为兴盛，《隋书·炀帝纪》载“角抵大戏于端门街，天下奇异艺毕集，经月而罢”。《隋书·柳彧传》载：“近代以来，都是百姓每至正月十五日，作角抵之戏递相夸竞，至于糜费财力。”这都反映了隋时期角抵表演和竞赛不仅规模大，而且经费开支也不小。唐代的角抵在每年元月十五日和七月十五日举行。《吴兴杂录》载：“唐七月中元节，俗好角力相扑。”唐代帝王也多好角抵。角抵在民间盛行是在宋代，当时已出现了专门的组织，如“角抵社”“相扑社”等，成员基本是职业摔跤手。当时宫廷中的相扑手称为“内等子”，由军队中选拔，属于左右军的编制。民间则是“瓦市相扑手”。吴自牧《梦粱录·角抵》中明确称角抵为：“角抵者，相扑之异名也，又谓之‘争交’”。

辽、金、元代的角抵更为普及。辽时册立皇后，必“呈百戏、角抵、戏马以为乐”。金国时，朝中把优秀的角力手选为侍卫。元代把角抵列为蒙古族“男儿三艺”之一，明、清时期角抵已基本上成为一项普及运动。它不仅是军内训练士兵的主要内容之一，而且也是民间健身、自卫、表演、竞赛等的重要活动项目。

上述角抵的渊源和发展轨迹，从根本上说是透过角抵因素体现出来的特定文化——“一个具有许多规定和关系的丰富的总体”。而这一特定文化，意味着角抵是生命本来的形而上活动，基于这种认识，角抵无疑是人生与人心的一种精神载体。然而，人类对角抵的这种形而上的认识，却历经了一段漫长而复杂的过程。考察这个过程中生命观念与非生命观念的现象，也许会给今天乃至明天的体育带来启迪。另外从中国思想发展史上也可以看到，它凝聚着生命观念，强调对人性、人情的尊重。认为乐是心之本体，本是活泼，本是洒脱，也就是追求鲜活的生命无拘无束地呈现。如传说中的蚩尤以牛为图腾，蚩尤与黄帝的冲突，正是人的生命内部或外部冲突的折射。他们也就在这种生命的冲突之中，享受着一种生命的快感，表现着旺盛的生命活力。这反映出生命之冲突，完全是人类生命存在的一种方式，是人类生命的一种精神需要。

◀角抵　甘肃敦煌莫高窟第 288 窟壁画　中心柱　西魏

▶角力　新疆库市图拉 73 窟　约公元 8 世纪(被德国探险队割去)

▲角抵　彩绘砖画　魏晋　现藏甘肃省张掖高台县博物馆

▶举象　甘肃敦煌莫高窟第 290 窟壁画　窟顶人字披　北周

甘肃河西的敦煌莫高窟壁画就有多幅反映角抵图像的遗存。如莫高窟西魏第 288 窟，中心塔柱下绘有两名药叉正在进行角力的图像。两人赤裸上身，下系一条腰带和布兜裆，他们身强体壮、勇猛顽强，左面一药叉双手抱住对方脖颈，左腿前伸施法进攻，而右面的药叉以右手搂背，左腿作扫踢腿的动作，两人均持进攻状态。画面构图显得动中有静，协调有序。

莫高窟第 290 窟，窟顶前部人字披的东西面，有六条连续长达 20 余米的长卷佛传故事画，其中有一幅讲悉达多太子向善觉国王女儿裘夷求婚，应约试武，并以角抵战胜了大魔力王的故事。角抵时，两人均袒露上身，着短裤，头上束角，悉达多太子以搬、抹的技法，将大魔力王摔倒，其场景颇似现代的拳击比赛。

莫高窟盛唐第 175 窟绘有一幅三名角抵手正在进行训练的壁画，他们均赤裸上身，下身系腰带和兜裆。其中有两人正准备进行相搏，以决胜负，另一人举手稳立，似在呐喊助威，又仿佛是评判输赢的裁判。

还有两幅唐代的相扑图，是在敦煌莫高窟藏经洞（第 17 窟）发现的佛幡绢画和白描画，现分别藏于英国伦敦大英博物馆和法国国家图书馆。其中有一幅是描绘悉达多太子习武练相扑的图像。画面表现在一个有回廊的庭院中，一棵大树下两人都袒裸上身，腰间系一带并遮盖下身，头戴着幞头，体重都较大，与当今日本相扑手十分相似。比赛中，两名选手两臂前后上举，两腿前后半弓步，半侧身面对面站立，双方都在伺机向对方进攻，选手刹那间的动态、神态与心态均被刻画得惟妙惟肖。另一幅是描绘一场正在进行之中的相扑图，一名裁判站立在两名相扑手的旁侧，两名选手赤身裸体，腰间系一布带兜裆，头发扎成髻，并饰有两个角。两名选手低姿位扭抱相搏，其中一选手抓住对方腰带意作提摔，另一名选手用力抱腿防守，双方奋力相搏，都想趁机摔倒对方，对他动势和力量的描绘都达到了细致入微的境地。中国传统线描图所表现的体态动作与肌肉、表情令人叹为观止。

在河西一带的魏晋十六国的墓葬壁画中也有反映角抵的图像，如张掖高台县就绘有一幅两人身着不同色彩的短袍，正准备交手角抵的场景。

以上所述图像反映的丝绸之路河西地区古代角抵的历史，都是当时社会的写照，它为研究角抵戏的历史演进提供了珍贵的资料。

（五）举鼎

举鼎是一项以表现力量为特色的体育竞技项目。它源于先秦，约在战国时期，秦武王因力大无比，酷爱举重，力士任鄙、乌获、孟说都是举鼎高手，深受秦武王宠信，官至高位。秦汉之际出现的“乌获扛鼎”影响整个社会，古文献张衡的《西京赋》和李尤的《平乐观赋》中都有关于举鼎的记载。另外，在汉代墓葬画像砖中也有不少表现举鼎的场景。到了魏晋十六国时期，又出现了“夏育扛鼎”的故事，据《隋书》卷十五《音乐志下》载：“夏育扛鼎，取车轮石臼大瓮器等，各于掌上而跳弄之。”反映出夏育由于力量极大不仅能举车轮、举石臼、还能举大缸等。这些文献中的记载在敦煌莫高窟的壁画中可得印证。

河西十六国的墓葬壁画中有大量表现力士托举的画面。如力士砖雕或彩绘画像及照墙之上也是一种重要的装饰题材。力士有熊面、羊首、马首、虎首、蛙首、人面等形状，其中人面力士又有托山力士、赤帻力士等。相对而言，今酒泉、嘉峪关地区的墓葬照墙上砌筑的力士砖雕较多，一般每一至二层就有一力士，人面力士与兽面力士交互使用，并且人面力士的造型也很多，富于变化。酒泉下河清第 1 号墓照墙上的马首力士砖雕均位于砖雕斗拱的坐斗处，可能是朝代略早而表现出来的差异。敦煌佛爷庙湾照墙上的力士比较少，一般每面照墙只有两个，一个是支撑斗拱的熊面力士，另一个是位于仿木大斗拱之间的托山力士。这说明敦煌佛爷庙湾的墓葬在照墙的修筑、装饰方面有着比酒泉地区更为严格的规定。

1. 赤帻力士

赤帻力士是酒泉地区照墙上最多见的图像，表现形式有两种：一种为绘画形式，一般绘于照墙双阙的两侧，对称分布。力士曲身蹲姿，头为正面或向外侧，头戴赤

▲举重　彩绘砖画　俄罗斯圣彼得堡艾尔米塔什博物馆藏

帻，双眼圆睁，上肢粗壮。在嘉峪关 M5 照墙及崔家南湾 M1 照墙上以及敦煌佛爷庙湾出土的砖画中均可见其形象[①]。一种是雕刻成形的赤帻力士。用剔地技法雕出物象轮廓后，用阴刻线表现五官等部位。后于表面涂白垩，以墨线绘出轮廓，绘出五官、四肢及衣纹等。头部的帻涂以红色，个别可见有黑色帻。酒泉地区照墙上着帻力士的数量及姿态变化较多。此为人形力士，多为半身像，上臂肘以上部分极为粗壮，下部分急剧变细。也有四肢匀称的力士，但数量很少，在酒泉小土山墓中可见。黑色帻仅见于嘉峪关 M6 照墙。在照墙上此类力士数量较多，成层分布，根据力士的双臂的不同姿势可以分成三种：托举力士、侧头力士、托腮力士。

① 酒泉市博物馆编. 酒泉文物精萃[M]. 北京：中国青年出版社，1998：68.

◄举重柱础模印砖　甘肃嘉峪关新城魏晋墓Ⅰ号墓

◄举重托梁力士　彩绘砖画　甘肃嘉峪关新城魏晋6号墓

▲力士　雕像转　彩绘砖画　甘肃张掖骆驼城墓群　魏晋

►力士　彩绘砖画　甘肃嘉峪关魏晋6号墓前室墓壁造型砖

2. 托山力士

托山力士均雕刻后彩绘而成，其头着赤色或黑色的帻，袒胸露乳，下身着短裤，腰系带，呈弓步状，双手上举；侧头力士，头着帻，头侧，一手托于头，一手支地；托腮力士，头着帻，双目圆睁，双手托于腮，这些力士均为半身像。还有一种力士为全身像，一手上举，一手抚腰，下肢曲蹲。这几种力士在高台骆驼苦水口 1 号墓的照墙上和敦煌佛爷庙湾 M1、M37 照墙上也可看到。

以上着帻力士共同的特点是头部着帻，体形健壮，着力表现了粗壮的上肢和圆睁的双眼及力大无穷的形象，不仅显示其托举的力量，更展现出力士的威猛。

▲举重托山力士　彩绘砖画　甘肃敦煌佛爷庙湾西晋墓

▲举重　彩绘砖画　敦煌佛爷庙湾西晋墓

▲举重　彩绘砖画　甘肃敦煌佛爷庙湾西晋 133 号墓　长 31.5 厘米　宽 16 厘米

▲举重　甘肃永靖县炳灵寺第 132 窟壁画　北魏

（六）驿传

我国自夏商开始建立驿传制度，从西周一直到明清，都在沿袭使用，只是在驿传种类和服务方式等方面不断有新的发展。自古以来，我国驿传就有不同的称呼：周代称“传”或“驲”；春秋战国称“遽”，或称“邮”“置”；秦时称“邮”；汉代称“驿”；唐时称“馆”；宋元时出现了“急递铺”“站赤”等新名称；现代一般把古代的驿传统称为“邮驿”，或称为“驿站”和“邮传”。

我国自西周开始就建立了比较完善的驿传制度。传递方式有以车传递称为“驲”的；还有一种叫“徒”的，即急行步传，让善于快跑的人传递公函或信息。西周建有专门的驿道，沿途设置了“委”“馆”或“市”，专门负责饮食和住宿等。春秋战国时期，驿传是以简书与符信为主。那时候，商周时期的甲骨文已被淘汰，兴起用竹书字通信。符信是通信的信物，即通行的凭证，有符有节。节，是身份证明，持有符节的人，拥有通信过程中的各种特权。1973 年在陕西西安郊区发现一枚秦代的铜制“杜虎符”，符上记述：“兵甲之符。

▲驿传　彩绘砖画　甘肃嘉峪关魏晋 5 号墓

右在君，左在杜（杜为当时一个县）。凡兴士被甲，用兵五十人以上，必会君符，乃敢行之。”意思是此符君王与杜地将领各执一半，如用兵 50 人以上，必须合符才可行之。这时期还出现了专理车传和马传的专职官吏。秦代的驿道制定 30 里为一传，10 里为一亭，如陕西省考古队曾在秦始皇陵西侧发现一片瓦，上有书文“平阳驿”，说明“驿”在秦时也是驿道上的居停点。近年出土的睡虎地秦墓竹简里记载了当时的邮驿状况和对驿传人员平时进行严格的身体训练等内容。两汉时期，驿传得到了进一步的发展，尤其是张骞打通丝绸之路通道之后，出现了“列邮置于要害之路，驰命走驿不绝于时月，商胡贩客日款于塞下”的繁华局面。当时的罗马国都建有十分宽阔的驿道。《后汉书·西域传》载：“十里一亭，三十里一置（即驿）。”各国商人、使者进入其境，都可直接乘驿达其都城。据文献记载，公元 2 世纪时，罗马境内驰道共有 372 条，总长度达 8 万千米。所以，当时诸国的商人和使者，都可以从汉代都城长安经丝绸之路，通过驿道直抵罗马。

▲信使　彩绘砖画　甘肃嘉峪关魏晋 5 号墓

▲骑吏　甘肃嘉峪关魏晋墓出土　甘肃嘉峪关博物馆藏

▲骑吏　甘肃嘉峪关魏晋墓出土　甘肃嘉峪关博物馆藏

▲骑吏　彩绘砖画　甘肃酒泉市西沟村出土魏晋

▲驿传　彩绘砖画　甘肃嘉峪关新城魏晋墓4号墓

▲竞走　居延汉简

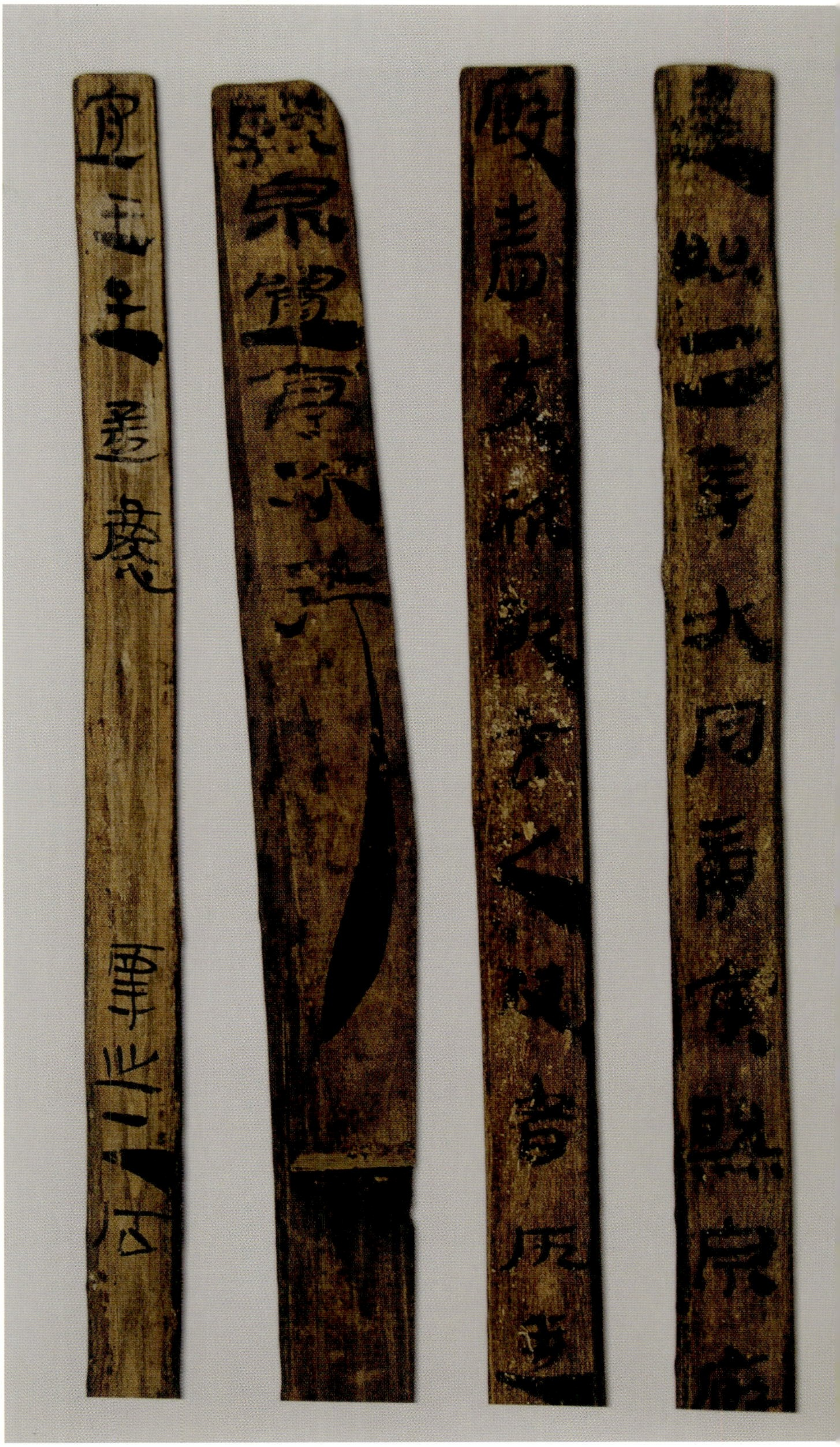

▲竞走(汉简)　敦煌悬泉置遗址出土

▲驿传　双骑吏　四川彭县出土　东汉

两汉的官邮制度很严格。邮亭的来往文书要登记造册，称为“邮书簿”。当时还出现了烽火通信与邮驿通信并举。所谓“烽”“燧”，都是点燃易燃物发出火光的通信标志。一般“五里设一燧，十里有一墩，三十里有一堡垒，一百里有一城寨”。在敦煌、居延等地出土的汉简中，包含许多有关烽火信号的记载。例如，《塞上烽火品约》详细记述了烽火通信的要求。所谓“品约”，就是规则。从品约规定可以看出，当时把情报分为五品，即五个等级：敌人在 10 人以下者称为一品，敌人在 10 人以上 500 人以下者称为二品，敌人在千人以上且入塞者称为三品，敌人在千人以上而且攻打亭障者称为四品、五品。敌情的不同级别，有不同举报烽火的信号。大量出土的汉简还记述了当时邮驿通信的程序。汉简中所述的“以邮行”“马行”“驰行”，说明了当时邮驿制度根据不同情况，规定信件的投递方式。若投递有误，要承担法律责任。魏晋时期，继承了两汉的邮驿管理制度。当时出现了善于快跑的人，被称为“健步”“急脚子”或“快行子”，实际上都是当时的长跑能手。这一时期，西北边远地区的甘肃、新疆等的邮驿也得到了迅速的发展。1972 年，在甘肃省嘉峪关市魏晋墓的彩绘砖画中，有一幅绘有驿夫骑在飞驰的红鬃马上，一手持缰，一手举着文书，急行传递的砖画。新疆民丰和罗布泊地区的简牍，详细记载了公元 3—6 世纪该地区具体的邮驿情况。新疆还发现有古代驿站遗址。另外，文献中还记载，当时的邮驿制度十分整齐严密：“二十里一亭，四十里一驿，旅行者取给于途，工商贸贩于道”，“驿道两旁，皆种上槐柳，绿荫成行”。这充分反映了那时邮驿事业的兴盛。唐代邮驿事业得到了空前的发展。唐制规定，三十里置一驿，全国计有 1639 所驿，每驿设驿长一人，并根据驿的等级配备驿夫和马匹数。从敦煌和吐鲁番出土的唐代馆驿文中可以得知，在敦煌有“传马坊”，在西州有“长行坊”，其周围驿道纵横交错，馆驿分布很广，这类马坊饲养大批马匹，供驿传所用。“传马坊”的马可分为战马、驿马、皇室成员或宠臣的坐骑。并在马身上的有关部位都烙上了烙印，以表明马的身份以及马的年纪、类型、品第和状态等。唐代对驿传有专门的时间规定，马递及设施趋向军事化。当时的邮驿传递，主要分步递、马递和急脚递。步递是接力步行传递；马递是用马传递，速度较快；急脚递是一种快速传递形式，据说能“日行四百里”。宋朝还出了一部《金玉新书》，其中涉及邮驿的内容有 54 条。对驿传过程中的驿递程限和各种传递方式中发生的失误，皆有具体的律令规定和不同的量刑标准。这种“以法治驿”的做法，保证了驿传的发展。元朝对驿传进行了全面的修正，建立了系统的驿传制度，开通了从蒙古通往中亚、甘肃通往中亚及欧洲诸国的驿道，全国驿站遍布东西南北各地。据文献记载，元朝共建有驿站 1119 处，驿马达 45000 匹。明清时期，驿传得到了空前的发展，发展了西藏、青海、甘肃、宁夏、新疆等边远地区的驿传，提高了传递速度，当时马递速度一日可达 400 里。晚清时，旧式的驿传逐步衰败，取代的是新式邮政。

从历史上来分析，我国古代驿传已有规范的体制。对步递、马递、急脚递等健儿都有时间、里程、服装、赏罚等律令。这也意味着步递、马递、急脚递已是一种严格意义上的竞技体育，士卒们的军事训练也已与体育完美地结合为一体。例如，位于甘肃北部的居延地区，自古以来是从蒙古进入丝绸之路的要道，也是汉王朝与匈奴激烈争夺之地。1930—1976 年，考古学者先后在居延地区发现和挖掘出三万余枚简牍，其中有汉代边塞军事活动“驿传”的记载。当时通过步行传递文书的方法有“以亭行”“以次行”等。

我国古代的“驿传”，由于制定了相关的律令，致使对步递、马递、急脚递的士卒提出了较高的身体素质要求，并把耐力和速度作为驿传士卒军事训练的重要内容。而“驿传”的规定，尤其是递书的距离和限定时间，实际上给士卒提出了速度、耐力等体能与体力等含有体育性的要求，在长期的训练和驿传过程中，出现了竞技性的驿传比赛，可以说，步递、马递、急脚递也是我国最早田径运动中的“竞走”和马术运动中的“赛马”形态，也是我国前体育形态。这将对我国田径运动和马术运动的演变历史，以及驿传和马术与体育的融合的研究提供参考。

（七）出巡

河西一带所发现的魏晋十六国彩绘砖画中，有多幅关于当时驻军出巡、巡逻、武士射猎等军事生活场面的壁画。由于河西自古以来，既是通西域的要道，又是历代西部边陲的军事防御的战备要地，为兵家所争，向来屯兵防守。因此，士卒们的军事训练、习武、射猎、骑马疾驰等均可从画像砖中得以印证，并反映出一种雄姿英发、气度恢宏的军事生活场面；军事生活、骏马奔驰等画面，既构成了魏晋时代的社会形象的一部分，也是继承汉代“刚健有力、自强不息”精神的真实写照。

◄出行壁画　甘肃酒泉西沟村西晋墓

◄出行　彩绘砖画 甘肃酒泉西沟魏晋唐墓

◄屯垦戍边　甘肃酒泉古墓砖画石刻

▶骑士模印－1
甘肃酒泉古墓
砖画石刻

▶骑士模印－2
甘肃酒泉古墓
砖画石刻

▶骑士模印－3
甘肃酒泉古墓
砖画石刻

◀出行　彩绘砖画
甘肃嘉峪关魏晋古墓

◀鼓吏　彩绘砖画
甘肃酒泉西沟村魏晋墓

◀羌女话别　彩绘砖画　甘肃酒泉西沟村魏晋墓出土

▲出行－1　彩绘砖画　甘肃嘉峪关魏晋1号墓

▲出行－2　彩绘砖画　甘肃嘉峪关魏晋1号墓

嘉峪关3号墓，前室东壁北侧和南侧，绘有一幅出巡图。前为一骑马武将，后从骑四排，十三骑马持矛武士。下面还绘有四排四列骑马持矛武士。全图气势磅礴，战马步履整齐，武士手持长矛，显示出不可战胜的英雄气概。

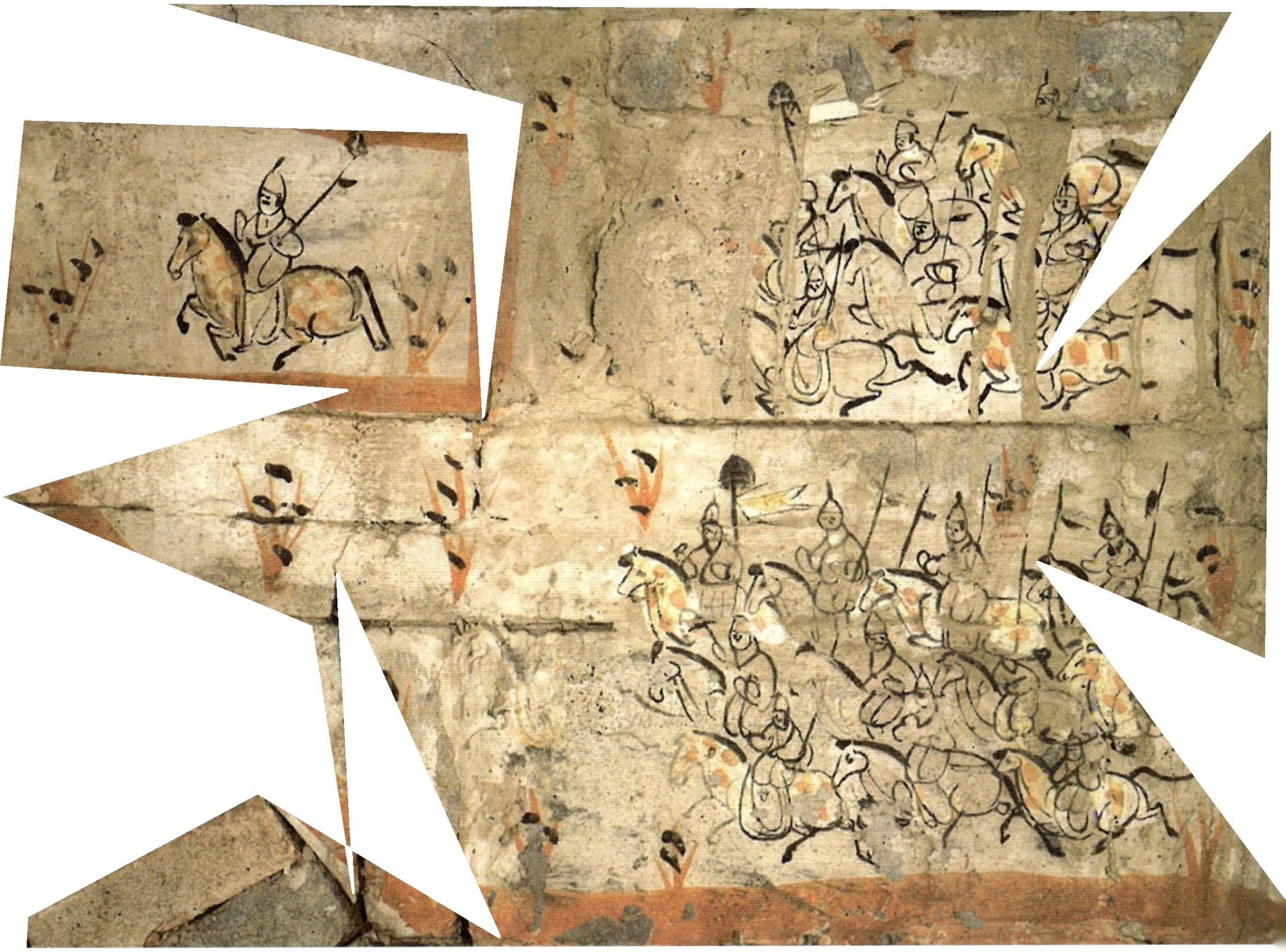

▲出行－1　彩绘砖画　甘肃嘉峪关魏晋 3 号墓

▲出行－2　彩绘砖画　甘肃嘉峪关魏晋 3 号墓

▲出行－3　彩绘砖画　甘肃嘉峪关魏晋 3 号墓

▲出行－4　彩绘砖画　甘肃嘉峪关魏晋3号墓

▲出行－5　彩绘砖画　甘肃嘉峪关魏晋3号墓

▲出行　彩绘砖画　甘肃嘉峪关魏晋3号墓

▲出行　甘肃嘉峪关魏晋 3 号墓　长 36.5 厘米　宽 17.5 厘米

▲出行　彩绘砖画　甘肃嘉峪关魏晋墓

嘉峪关 5 号墓，前室东壁，绘有一幅长达 1.2 米、宽 0.35 米的壁画。画面是一个佐吏戴黑介帻，着皂缘领袖中衣，骑马引导，后一排三个佐吏，皆骑马，服饰与前相同。再后一排是二骑，手持长矛，第四排是一骑佐吏，佩弓持矛，第五排是四个骑马持矛战士，第六排是一佐吏，第七、八排各画四个骑马持矛武士。出巡的阵营十分庞大，气势雄伟。

▲出行　彩绘砖画　甘肃嘉峪关魏晋 5 号墓

▲墓主人出行　彩绘砖画　位于前室西壁第一层第一块砖　长 34.5 厘米　宽 17 厘米　1973 年清理发掘 M6 出土　魏晋壁画

▲出行－Ⅰ　彩绘砖画　甘肃嘉峪关魏晋 6 号墓

▲出行－2　彩绘砖画　甘肃嘉峪关魏晋 6 号墓

▲出行－3　彩绘砖画　甘肃嘉峪关魏晋 6 号墓

▲出行－4　甘肃嘉峪关魏晋6号墓

嘉峪关7号墓，前室绘有一幅出巡图，南壁西侧绘有三个戴盔武士，身着袴褶，手持长矛；西壁绘五幅同样的画面，每幅绘三个戴盔持矛武士；北壁西侧绘两个戴盔武士。

▲出行－1　彩绘砖画（局部）
甘肃嘉峪关魏晋7号墓

▲出行－2　彩绘砖画　甘肃嘉峪关魏晋 7 号墓

▲出行－3　彩绘砖画　甘肃嘉峪关魏晋 7 号墓

▲出行－4　彩绘砖画　甘肃嘉峪关魏晋 7 号墓　长 36.5 厘米　宽 17.5 厘米

▲出行－5　彩绘砖画　甘肃嘉峪关魏晋 7 号墓　长 36.5 厘米　宽 17.5 厘米

▲出行－1　甘肃酒泉丁家闸十六国 5 号墓

▲出行－2　甘肃酒泉丁家闸十六国 5 号墓

▲出行－3　甘肃酒泉丁家闸十六国5号墓

▲出行　甘肃酒泉丁家闸十六国墓

▲出图－1　彩绘砖画　甘肃张掖骆驼城、许三湾、苦水口魏晋墓

▲出图－2　彩绘砖画　甘肃张掖骆驼城、许三湾、苦水口魏晋墓

▲骑士出行　魏晋墓出土　甘肃嘉峪关博物馆藏

▲骑士出行　魏晋墓出土　甘肃嘉峪关博物馆藏

◀出行－1 彩绘砖画 甘肃张掖骆驼城墓群出土 魏晋

◀出行－2 彩绘砖画 甘肃张掖骆驼城魏晋古墓群出土

◀车马出行－1 彩绘砖画 甘肃张掖骆驼城魏晋古墓群出土

►车马出行－2
彩绘砖画　甘肃张掖骆驼城魏晋古墓群出土

►牛车出行－1
彩绘砖画　甘肃张掖骆驼城魏晋古墓群出土

►牛车出行－2
彩绘砖画　甘肃张掖骆驼城魏晋古墓群出土

▲坞　甘肃嘉峪关魏晋1号墓

▲屯营　甘肃嘉峪关魏晋3号墓　长90厘米　宽60厘米

▲坞－Ⅰ 甘肃嘉峪关魏晋 3 号墓

▲坞 -2　甘肃嘉峪关魏晋 3 号墓

▲坞外　守卫　甘肃嘉峪关魏晋 5 号墓

▲坞前　守卫　甘肃嘉峪关魏晋 5 号墓

▲坞－1　甘肃嘉峪关魏晋6号墓

▲坞－2　甘肃嘉峪关魏晋6号墓

▲坞　甘肃酒泉丁家闸十六国5号墓

◀铜车马　西晋
甘肃省博物馆藏

▲铜斧车　车高 32.4 厘米　宽 39 厘米　甘肃武威雷台出土　魏晋　现藏甘肃省博物馆

上述出行图所描绘的武士个个体格剽悍，精神饱满，从他们骑乘驰马上的姿态，不难看出他们高超的骑术和顽强的作战技术。

（八）兵器

古代兵器除了用于实战，大多在其发展过程中用于演练和防身。兵器的分类是根据其形状和使用方法而定的。在形状上一般分为长、短、硬、软、单、双和带钩、带刺、带尖、带刃等类型；在使用方法上大致分为抛射器械、短器械、长器械、双器械、软器械等。如属抛射器械的有弓、弩、箭矢、飞刀、袖箭等，属长兵器的有戈、矛、枪、棍、殳、杵、杖、棒、斧、钺、戟、大刀、把头、扒、铲、挝等，属短兵器的有剑、刀、鞭、锏、钩、镰、锤、拐、环、匕首、鸳鸯钺、阴阳锐、状元笔、铁尺等，属软兵器的有绳镖、三节棍、三仙叉、链、套绳等。这些兵器是战争时期使用的武器，而在没有战争的时期，这些兵器又成为民间习武、防身或健身的器械，并随着不断的演化，逐渐变为武术演练用的器械。其中最常用的是刀、枪、棍、剑等。刀为“百兵之胆”，枪为“百兵之王”，棍为“百兵之首”，而剑有“百刃之君”的美称。

▲河内工官弩机　甘肃酒泉出土　东汉　现藏甘肃酒泉博物馆

▲人头饰铜匕　1972 年甘肃灵台县白草坡 2 号墓出土　西周　现藏甘肃省博物馆

▲镂空蛇纹鞘青铜短剑　1972 年甘肃灵台县白草坡 2 号墓出土　西周　现藏甘肃省博物馆

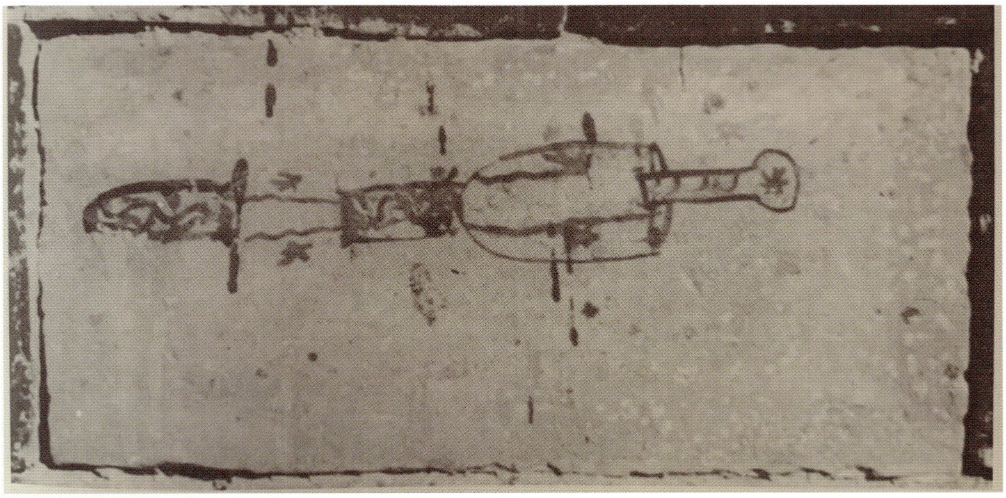

▲刀鞘　甘肃嘉峪关魏晋 5 号墓

▲兵器－1　彩绘砖画　甘肃张掖骆驼城、许三湾、苦水口魏晋墓　魏晋　2001 年 9 月出土

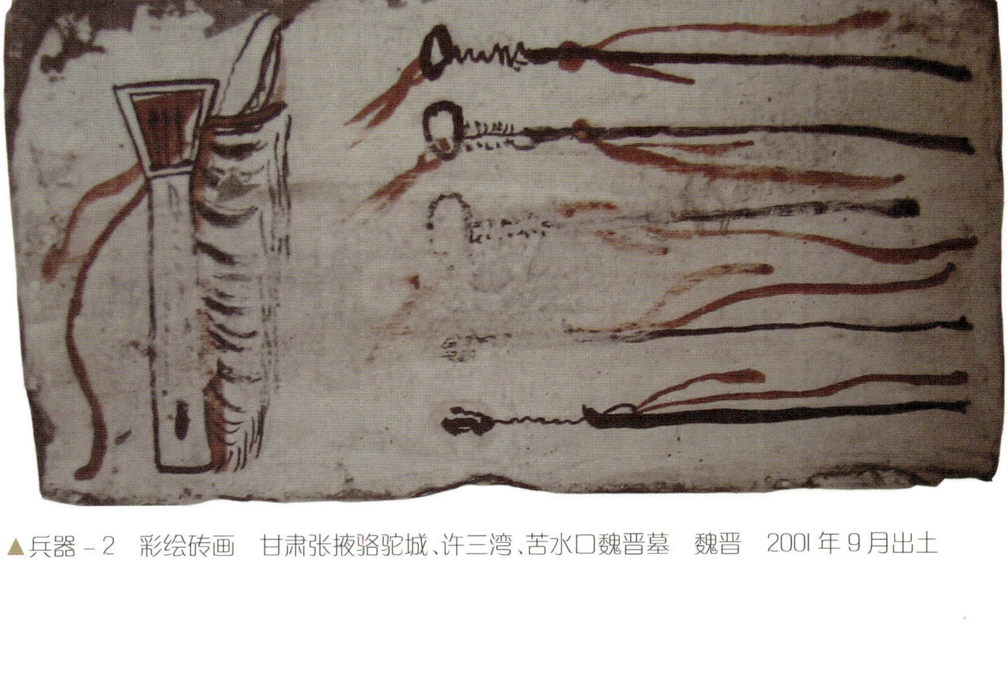

▲兵器－2　彩绘砖画　甘肃张掖骆驼城、许三湾、苦水口魏晋墓　魏晋　2001 年 9 月出土

刀有劈、砍、撩、斩、刺、挂、崩、格、截、绞、缠头、推、架、分、点等刀法，并配合各种步型、步法、跳跃等动作构成套路。古代士卒短兵相接，以用刀者为多。舞起刀来，刀风呼呼，寒光逼人，只闻刀风，不见人影，勇猛威武，雄健有力。这种“猛虎般”的风格，是由刀的构造和练法决定的。

枪在古代称作矛，为刺扎的兵器，杀伤力很大，有“枪扎一条线”之说法。由于其长而锋利，使用灵便，取胜之法，精微独到，其他兵器难以匹敌，故称为“百兵之王”。

枪有长枪、短枪之分，又有单枪、双枪之别。枪术主要动作有拧、刺、拦、拿、扎，还有崩、点、穿、挑、云、劈等枪法，配合各种步型、步法、跳跃构成套路。武术中的枪术除单练外，也可与其他武器对练，如大刀对枪、剑对枪、三节棍对枪等。枪术在十八般武艺中较难。

剑属双刃短兵，素有“百刃之君”的美称。中国兵器也以剑为尊。剑有大剑、长剑、短剑、穗剑之分，又有单剑、双剑之别。

剑最早出现于殷商以前。春秋战国时，斗剑、佩剑之风盛行，剑术理论也相应得到发展。汉魏时代击剑之风更是风行一时，当时出现了一大批精于剑术、寄食于人的“剑客”①。他们讲究剑道，形成了许多风格各异的流派，剑术开始成为竞技性的比赛项目，曹丕在《典论·自叙》中记述了击剑比赛的精彩场景。隋唐时，剑形十分精致华丽，对后世影响很大。宋代以后，击剑之风逐渐为剑舞所代替。剑在古代，除了作为格杀的兵器、锻炼武艺的器械，还有其他多种用途，如剑被看作权力和地位的象征；剑被佛、道两家作为法器；剑被作为礼仪中显示地位等级的标志；剑被作为文人学士的风雅佩饰之物。

剑的演练形式有单练、对练和集体练三种。剑术讲究动静、虚实以及身法、手法、步法的配合协调。剑还有挂、点、刺、撩、截、格等技法，其功在把中，劲在腰功，能在臂膀，力在尖刃，法在挂化之中。其动作讲究挂剑如流水，剑指如蛇击，剑法求清脆。其要求是：单剑看点挂，双剑看轮回，长剑看龙势，短剑看龙行，穗剑看穗头。百招运化重在剑神合一。

棍为无刃长兵器，素有“百兵之首”之称。棍有粗细之分，长短之别，其种类有大棍、三节棍、大梢子棍、小梢子棍、齐眉棍等。棍术以劈、扫、戳、挑、裹、翻、砸、点、崩、花等招法为主，并配合步法、身法等构成套路。棍术的特点是刚劲神速、招数多变、运动范围大。其形式有单人练、集体练等。棍术要求具有共同性，如“练棍要手臂圆熟，身棍合一，力透棍尖，风声呼呼”。舞棍要勇猛、快速、有力，双手执棍，开合、旋转要圆熟自如。练棍须做到心里要熟、外表要生：熟是技术性，生是真实性，熟和生的结合就是技术性和真实性的统一。所以拳谚说：“枪扎一条线，棍打一大片。”

---

① 晋书：舆服志[M]. 北京：中华书局，1987.

棍谱说："棍起空灵多变化。"

兵器在古代一直占有十分重要的地位，并蕴涵着丰富的文化内涵，成为中国传统文化的重要组成部分。河西位于西部边陲，历史上中原王朝与匈奴、回鹘、吐谷浑的战争连绵不断，所以兵器的制造和储存是非常重要的军事内容。

2001 年 9 月在张掖高台县骆驼城出土的魏晋墓葬壁画中绘有两块兵器图，张掖高台县魏晋壁画墓出土的"赠剑图"，以及河西一带不少地区还出土了大量兵器，如刀、剑、箭、簇、钺、戟、矛、弓等。敦煌莫高窟出土的文献 S.6537 号卷中有三首唐人曲词，其中有一首是咏剑器舞的姿容。因此可见当时在河西一带已十分流行剑器之类舞蹈。文献中还有描写剑器的诗词，如 P.3591《洞山和尚神剑歌》，P.3633《龙泉神剑歌》，P.3821《三尺龙泉剑》等。另外，唐代诗人岑参有"酒泉太守能剑舞，高堂置酒夜击鼓"之诗句。

敦煌莫高窟壁画中也绘有许多有关军事作战、军事装备、军事训练等方面的图像。如西魏第 285 窟和北周第 296 窟《五百强盗成佛》故事画中，表现了众多人物手持刀、枪、盾、矛等各种兵器进行激烈拼杀的场面。五代第 61 窟西壁《佛传故事》中，绘有许多人在丛林、空地习拳和舞剑的场景。

▲赠剑　彩绘砖画　甘肃高台县骆驼城古墓出土　魏晋

▲战争(局部)－1　甘肃敦煌莫高窟第 285 窟壁画　南壁　西魏

▲战争(局部)－2　甘肃敦煌莫高窟第 285 窟壁画　南壁　西魏

▲战争　甘肃敦煌莫高窟第 296 窟壁画　南壁　北周

▲操射　甘肃酒泉魏晋古墓砖画石刻

古代战争所使用的兵器及剑器等对武术的功架、招式和翻、转、跌、扑、腾等技艺产生了极大的影响，并透视出古代战事所用的兵器与武术的血缘关系。同时，通过武术的历史“移感”重看自己的文化的一种方式，仿佛是“熟悉化”的持续过程。武术有一个源远流长的人文研究传统，这一传统虽然在近百年中受西方体育的影响而不断刷新，却仍然未失其原有的文化特性。

（九）博弈

博弈是古代人民娱乐文化生活的重要组成部分，为当时社会各阶层人士广泛爱好的一种游戏。它参与了人类日常生活、生理、心理等机制的调节，孕育人们拼搏求胜的精神和审美情趣，并铸成一种具有丰富内容的文化形态。

古代的博弈是指博戏和棋戏，“博”古作“簙”，《说文解字》中说：“簙，局戏也，六箸十二棋也。”“局席”一词最早可见于段成式《酉阳杂俎》卷四的记载，认为“局”义是由“棋盘”之义引申而来。宋代邵雍《伊川击壤集》卷二○载：“罇前揖攘三杯酒，坐上交争一局棋。”另外，在敦煌藏经洞出土的文献中有许多有关“局席”的文书，如S.3730《立社条约》载：“人家若丧亡，巡行各使三件，更为偏赠。便有上驮局席。”S.5939《社司转帖》、P.3094《社司转帖》等数十个卷子中都有关于“局席”的记载[①]，这说明，唐五代时期宴饮、博弈等都称之“局席”，也是当时社会风行的休闲娱乐生活的映照。尤其是风云变幻的战局在数尺见方的几案上，激烈诡谲堪比实地拼杀，所以运筹帷幄，决战“千里”亦“不在话下”，桌面游戏因此令不少人欲罢不能。相比之下，围棋的规则更多，比试起来费神费时，不同于博戏过于躁动。

博弈一词，最早见于《论语》：“饱食终日，无所用心，难矣哉！不有博弈者乎？为之犹贤乎已！”博弈的本质是游戏，后又引申为体育或赌博等娱乐活动。博弈主要分“博戏”和“弈戏”两部分。其中“博戏”包括：六博、樗蒲、骰戏、藏钩、双陆、打马、骨牌、麻将、蹴鞠、赛马、捶丸、斗鸡等。“弈戏”包括：围棋、象棋等。博弈在长期的历史发展中，由最初的娱乐性逐渐向竞技性、体育性、教育性等方面发展，并有雅俗之分。

1. 六博

六博具有悠久的历史，是先秦时期十分盛行的一种局戏。它是一种凭借运气进行游戏的智慧活动，并非为体育活动，在古籍文献中有许多涉及六博的内容，如《论语》《战国策》《史记》《汉书》《颜氏家训》等。由于种种原因，六博逐渐由其他博戏所替代，到魏晋南北朝时期已很少有人懂得六博的游戏方法，而且文献中对其形式和博法记述也不明。但六博游戏具有比较鲜明的个人、偶发的特征，并依据文献资料和出土的文物显露出的六博形制和博法来分析，发现六博具有多种不同的种类，其方式多样。因此，本研究主要是把六博许多不同的博法和形式的异同区分出来，以对六博有更新的了解。

---

① （唐）赵璘. 因话录[M]. 商务印书馆，1939.

（1）六博的形制

六博的形制与方法较为复杂。据《颜氏家训·杂艺篇》述：“古为大博则六箸，小博则二焭，今无晓者，此世所行，一焭十二棋，数术浅短，不足可玩。”箸又称“蔽”“采”“焭”“琼”，是一种投掷采数的博具，如同“骰子”。“箸”一般由竹木制成，两头尖长如箭形。箸后来又改用骨、玉制作，称为“琼”。棋盘称为局，局分十二道，两头当中名为“水”，放“鱼”两条。博时先掷采，后行棋，进退攻守，相互胁迫，棋行到处，则入水食鱼，每食一鱼得二筹，得筹多者为胜。鲍宏《博经》载：“用十二棋，六白六黑，所掷骰谓之琼。琼有五采，刻为一画者谓之塞，两画者谓之白，三画者谓之黑，一边不刻者，在五塞之间，谓之五塞。”郭沫若先生曾撰文《屈原赋今译·招魂》注释：“六博，古代弈棋一种。二人对局，用六箸十二子以决胜负，掷采以琼为之。琼刻四面，其头尖。刻一画者为塞，二画者为白，三画者为黑，一面不刻，注法失传，不甚了了。”这说明琼的形式，应当见一个六面体，除去两人面各有一个尖头之外，还剩四面，即塞、白、黑、五。

▲《六博》篇题　北京大学藏西汉竹书（部分）

（2）六博中“棋”的形制

六博中的“棋”从文献的记载和出土文物所存的木制或骨制棋来认定，棋应该是长方形为多。湖北云梦睡虎地秦墓出土的十二枚棋子均涂黑色和白色，其中六枚平面为长方形，一枚较大涂有红色称“枭棋”，其他五枚较小涂有黑色，称“散棋”。另外六枚平面呈方形。江苏徐州西汉刘慎墓中，出土了二组六博棋子，其平面大小略有差异，但其中一组六枚棋上刻有文字，因此也较易区分，另有英国大英博物馆藏我国汉墓出土的长方形博棋。这不难看出六博棋的形状也呈现出不同时代的差异。

▲铜四人博戏俑　甘肃灵台县傅家沟Ⅰ号墓出土　西汉　现藏甘肃灵台县博物馆

▲陶六博俑　东汉　现藏美国大都会艺术博物馆

（3）六博局的形制和行棋的棋道

六博有大博和小博之分，大博和小博的形制有较大差异，大博以杀枭论胜负，小博从获胜筹计输赢。六博约在商、周和春秋战国时期就已流行。这可以从湖北荆州纪城1号墓出土的一件战国时期的棋盘（古称博枵），木胎，涂黑漆作底色。盘面长方形，长34.6厘米，宽20.5厘米，厚2厘米。盘下四角各附一个兽蹄形足，整个棋盘高12.5厘米。盘面边缘雕“L”形和正方形曲道，棋盘中央有规律地分布着“一”字形棋道。棋盘两端还各有一个圆形小凹槽，两者呈对角分布。还有湖北云梦睡虎地的两座秦墓M11和M13中，各出土一套六博棋，均有木质棋子和竹制博筹等。M13出土的棋盘呈正方形，长38.5厘米，宽35厘米，高3.3厘米；上面阴刻“L”形、“T”和“V”形。棋盘上的线段（一边3个，四边

12 个)，即宋代洪兴祖在《楚辞·招魂》注引《古博经》中的十二道，博局中央的小方形，称之为“方”，包括东南西北四方，四个“T”形钩识各自象征是四正方向，四个圆圈象征是思维方向，代表立春、立夏、立秋、立冬。其中的四正或是思维都有隔断，思维方向一般用圆圈隔断，四正方向是在“L”“T”形钩识和圆圈均是着棋点。

以上荆州和湖北云梦睡虎地分别出土的楚墓六博梮和秦墓六博梮，由于时间的不同和文化体系的差异，它们的棋盘形制有别，着棋方法也有所不同。

▲六博局图案　甘肃省天水市秦墓出土　秦

到了汉代六博由秦系文化传承下来，但增加了骰子，当时称“煢”“琼”。在湖南长沙望城坡的西汉渔阳墓中，除了出土一件棋盘，还出土了两个骰子。还有武梁祠前石室第七室的六博石刻及四川汉代浮雕，棋盘上面都刻有 T、L、V 三种矩规纹及圆点。并以红漆描绘。六博局的形式似同“宫室”或“四合院”的建筑，中间是天井，四周是房室和席，从而构成了 TLV 矩规图。小博约在东汉时期盛行，它的棋局由 12 横道组成，中间有一条较宽的“水”。双方掷采行棋，根据采点大小来定行棋的步数，到达终点以后，棋即竖之，名为跷棋（或称枭棋），未成跷的棋，就称为散棋。由此可知，六博棋的形制和棋道随着时代的变迁而有所不同。

（4）六博与占卜

1993 年江苏东海县尹湾 6 号汉墓出土西汉的简牍《日书》中有《博局占》图形和文字表述。图形似同规矩纹，占卜事项有婚嫁、命运、问病、囚犯、亡者。2009 年北京大学获得了一批从海外回归的汉简，其中有“六博”简 49 枚，在第 3 支简的背面用朱笔题写了“六博”二字。篇首为“博局图”，图中列六十甲子，其后按“亡人”“行”“系及会论”“病”“取妇”等占卜事项罗列占辞。中间还穿插有关于占卜方法和“入官”“财（裁）衣”宜忌的说明。但北大“六博”简的内容，如六博占法的介绍，博道名称，占辞形式和占卜事项均与江苏尹湾汉墓出土的“博局占”“木牍”有显著的差异。这些差异，说明汉代博局占术和博戏方法具有多样性。

（5）六博与狩猎

《楚辞·招魂》述：“投六箸，行六棋，故为六博也。”投六箸，即是投六箭，正和居延出土的汉简“秋射”具有一定的联系。汉简《秋射》共 45 枚，其中旧简 29 枚，新简 16 枚。旧简藏于台北故宫博物院，新简现藏于甘肃省文物考古研究所。《秋射》所载：“功令第三十五侯长，士吏皆试射……六为程，过六矢，赐劳十五日。”这说明汉代秋射比赛，是以 6 发为度，中了六矢的人，可以获得奖励。这种以六矢作为一个单位来计算的方法，正和六博的六箸数目相同。另外从六博掷采的命名来看，基本与樗蒲相似，因为在魏晋南北朝盛行的樗蒲是六博的简化形式。其中卢是猎狗，雉是野鸡，犊是牛犊，投箸时喝雉呼卢，十分热闹。由于行棋方式有射杀野兽的含义，因此，从某种意义上讲，六博的行棋受射箭比赛的一定影响。因为，在当时边塞地区的军队中每年进行一次“秋射”比赛。而六博也是当时军中士卒最喜爱的一种博戏。因受《秋射》比赛规则的影响，当时西北边陲的博戏活动与《秋射》比赛的规则十分相似。由此也可以从 20 世纪 70 年代以来，在甘肃河西地区考古挖掘的魏晋墓所发现的六博和樗蒲彩绘砖画中得以印证。

（6）六博与酒

古代进行六博时通常要喝酒。据文献《史记》载：吴太子入见，得侍皇太子饮博。“男女杂坐，行酒稽留，六博投壶。”湖南长沙望城坡的渔阳墓中，出土了两枚骰子。呈球形，十八面体，上面刻有：“一”至“十六”，剩余两面，一面刻有“酒来”、一面刻有“驕”字。在安徽萧县汉墓出土的一块画像石上，形象生动地再现了六博饮酒的情景。画面中央铺一块长方形席子。席上放着博筹，席旁侧放着棋盘。棋盘外侧有一个三足酒樽，内有长柄勺用来盛酒。六博时与饮酒结合，以增强博戏的风趣。因此，六博在秦汉以来，风靡一时，进而成为一种文化现象，几乎成为一种全民性的游艺活动。

（7）六博与投壶

古代的“六博”有用箭而不用琼。用箭的六博可能与投壶有联系。《史记》第一二六《滑稽列传·淳于髡》述：“若乃州闾之会，男女杂坐，行酒稽留，六博投壶，相引为曹，握手无罚，目眙不禁。”大英博物馆所藏的汉代陶人俑和六博的博具旁放置着一个壶，足以说明六博与投壶之间的联系，以投壶为六博比赛中的一种形制，那博箭就是投壶的箭，在双方进行博戏时，先用投壶的方法来决定点数，再接着点数行棋。此法从难度上有所提高，其游戏性和趣味性也更为吸引人。六博投壶还分组进行对博，两面各有许多人认定，这就是所指的分曹了。《楚辞·招魂》述：“菎蔽象棋，有六簙些。分曹并进，猶相迫些。成枭而牟，呼五白些。”这里所指的“蔽”，就是“箸”，即箭也。唐之后也称行棋为“行马”，应追溯于投壶中的立马，六博称为“打马”，诗人李清照的《打马图经》提供了重要的参证。

（8）魏晋时期的十二道博局

汉代所流行的 TLV 形的博局到了魏晋时期，博局在形式上有了较显著的变化，把复杂的博局简易化了。《古博经》述："博法二人相对坐，向局。局分十二道，两头当中名为水，用棋十二，故法六白六黑，又用鱼二枚，置于水中，其掷采以琼为之……二人至掷采行棋，棋行处即竖之，名曰骁，棋即入水食鱼，亦名牵鱼。每牵一鱼获二筹，翻一鱼获三筹……"其中所指的"水"，是博局中心的空白处，称为"界河"，它是中国独创的棋制，后来引自印度的中国象棋局中的界河就是从博局中迁移过来的。

博局的掷明琼，称之"五白采"，《列子·说符篇》述："楼上博者射，明琼张中，反两㮯鱼而笑。"其中明琼张中的意思是掷琼时琼掷到对方的博局内，而明琼即"五白"，在魏晋时仍被采用，但到了唐代，五白已不算采中的高采，可见魏晋与唐代时采的算法是不一样的。

《颜氏家训·杂艺篇》中提到"一煢十二棋"，可见五煢即五木的博法到唐代仍流行，这充分说明，六博戏的形式在各个时期有所不同。

(9) 汉魏的骰子

骰子是西汉时期由六博棋发展而来。骰子在我国博弈史上有着重要的地位，大部分的博戏都需要骰子作为辅助工具，六博、樗蒲、双陆、打马、状元筹、升官图、麻将等都离不开它，所以骰子在我国被称为"博戏之魂"。骰子除了是赌博的工具外，还可以用来占卜、行酒令或做游戏。骰最早产生时形状各异，上有各种刻纹，后来则由球形统一为正方形或长方形，六面分刻一至六点数，点穴上涂黑色，直到唐代才增加描红，其中一、四涂红色，二、三、五、六涂黑色。1974 年长沙马王堆三号汉墓中出土了骰子，骰为球形十八面体，木质，直径为 4.5 厘米，除十六面分别刻出一至十六数字，其中相对的两面，一面刻有篆文"骄"字，另一面刻"妻畏"字，表示不利的棋步。之后考古发掘的南北朝时期的骰子，才定形上下前后左右的六面体骰子。1981 年，江苏省泰州市大马乡红光村的一座唐墓中发掘出三颗骰子，上面刻楷书"放"和"口"字样，其表达之意有待考证。2005 年内蒙古自治区和林格尔县的一座唐墓中，出土了三颗骨制的骰子。魏晋南北朝时的骰子演变为木制，用五颗骰子来博，称"五木"，也叫樗蒲。古代的箸、煢、琼、五木等，早已看不到了，现在通行的却是六面的骰子。据程大昌《演繁露》说，投子五面皆黑，则其名卢。一面涂白，白之上即画雉。这说明，自唐代开始卢雉变为一至六面，并用数目作点，以六面带数目的点，骰子被广泛采用。正如《演繁露》载："至于骰子之制，固知祖袭五木，然而详略大率不同也"。五木上有两面，骰子则六面，故骰子著齿自一至六，为采亦益多。这对于我们了解六博自魏晋到唐代的变化提供了启示。

六博自东汉以后，开始衰落，其原因是六博主要靠掷骰，侥幸取胜，远不如围棋那样可以培养人的思维，启迪人的智慧，所以缺乏生命力。时人称六博为"数术短浅，不足可玩"。因此，六博到魏晋南北朝时期，已基本失传。但需要指出的是，六博的长方形棋子，为现在麻将所沿袭，六博中"水"的设置，其形式保存在象棋的"界河"里。可以说，六博对中国博弈文化的发展具有重要的意义。

六博自先秦以来，有关六博的形制，由

于古代的箸、茕、琼一直没有被发现，只是由文献上的记录和出土的骰子，及国外发现的古代骰子来推断它的形式。六博涉及的形式较为多样，向前会涉及古代的狩猎生活和乡射、秋射、投壶、酒宴等各种礼节，向后涉及骰子、双陆、象棋等形式，它在古代社会中确实是占有重要的位置，是人们的重要娱乐。上述论证，可以使人们了解古代六博的方法和形制，它并非限于一种方式，存在着许多异同。这对我们深入了解古代“六博”的形式提供了一种新的启示。

六博不仅在文献中有大量记载，例如《论语》《左传》《庄子》《战国策》《楚辞》《史记》《汉书·五行志》《汉书·游侠传》《后汉书·列女传》《后汉书·王允传》等。而且自20世纪以来，考古发现并挖掘出大量的博具，如1975年在湖北省云梦县睡虎地的秦墓中曾发现两件博具，均有博局。其中11号墓出土的博局为木制、方形，长32厘米，宽29厘米，高2厘米。局面为阴刻曲道纹、方框，绘有4个圆点；13号墓出土的博局，长约38.5厘米，宽35厘米，高3.3厘米。局面刻有12个曲道纹和方框，朱漆绘4个圆点。在局面的一侧挖有一个长24厘米、高1.8厘米、深6厘米的凹槽，槽内放竹箸6根和骨质棋子6枚，槽外盖有一个木片，上有一圆孔供系绳，以便开启。1954年江苏江都的一座西汉墓中出土1件木制博局。1953年广州先烈路4013号发现的一座东汉墓，出土了1件木制博局，呈方形。1973年湖北江陵凤凰山的8号西汉墓出土木制博局1件。1973年在湖南长沙马王堆3号西汉墓中出土1件黑漆方框并嵌有象牙条的博局。1972年湖北云梦大坟头1号西汉墓出土1件方形木博局，局面用红漆绘方框，12个曲道纹和4个圆点，局的四个侧面绘有几何纹、植物纹图案。此外，还先后在甘肃天水市放马滩秦墓出土一块六博木版画、甘肃灵台傅家沟西汉墓中出土1套铜制4人博戏俑。广西西林县的一座西汉墓出土一件铜制博局，贵县罗泊湾汉墓出土木制博局1件。1974年河北平山三汲的战国墓葬中出土一件石六博局。1974年在北京市大葆台出土西汉六博棋子。以上出土的博局大多为木制，虽大小略有差异，但形状基本相同，只是装饰不同而已。其他，还有河南南阳地区发现的六博画像石，四川成都彭县出土的六博画像石，河南灵宝张家湾东汉墓出土一件绿釉博戏俑，甘肃嘉峪关地区墓葬出土的六博画像砖，以及故宫博物院收藏的规矩纹铜镜和美国纽约收藏的汉代六博俑等等。在秦汉时期，随着博戏的盛行，还出现了不少专门研究博术的人，并撰有著作。如西汉初许博昌撰《大博经》，东汉也有人撰写博经。这些有关博局的论著，隋唐时还能见到，如《隋书·经籍志》载有《大小博经》一卷，《唐书·经籍志》载有《大博经行棋戏法》二卷。此外，《淮南子》《汉书》《后汉书》等文献中，也有不少论及博戏的内容。可惜绝大部分已失传，留下的只是零散的文字资料。例如，甘肃武威磨嘴子48号西汉墓出土的两个彩绘木雕对博俑，对博者伸目张臂，神态毕肖。嘉峪关新城魏晋墓M7前室南壁上的“六博图”，为当时六博的玩法提供了形象的资料：画面中间摆放着一张褐色棋桌，桌上的棋盘纵分十二道，横分四道，还有交叉点。棋桌两侧有两男子相对跪坐，左侧男子双手举起做投掷状，两箸在空中飞行，即将落向棋盘；右侧一人左手高举，右手前伸，表情专注。箸，即筹码，又叫筹，用竹做成，叫“博石”。博石的实物现藏于武威市博物馆，六枚博石，四白二黑。嘉峪关魏晋七号墓中室东壁上，有一幅彩绘砖画，生动形象地记录了六博的场面。画面中间摆放着一张褐色棋桌，桌上画着纵 l2 道、横 4 道的一幄棋局，棋局纵横线处有明显的交叉点。两位身着红色长袍、头戴元宝帽的男子，跪坐在棋桌的两侧。左边一人两手高高举起，正在掷采，二琼已出手，悬在棋局的上方。右边一人惊恐异常，左手高举，右手伸向前方，五指平伸，目不转睛地盯着对方，似乎急于想看出结果，又似乎是左边的一人输了棋，扔出二枚箸筹，右边一人作伸手去接状。

2．樗蒲

樗蒲系由六博嬗变而来的，始于汉末魏初。樗蒲的博具有五木、枰、矢、马。其中五木，相当于六博的箭和博戏的骰子，共五枚，形状是两头尖，中间平广。每枚木子都是一面黑，一面白，其中有两枚木子的黑色一面书有牛犊，在这两枚书有牛犊的木子后面即白的一面书有雉。这样，不论怎么投掷，每一种采齿中至多只能出现两种带图案的木子。枰，相当于六博的盘，上面绘有局道，以供行棋。矢，相当于六博的箸筹，供计算采筹用。马，相当于博具的棋子，共二十枚，分五色，每色四枚，供行棋之用。樗蒲的竞赛方法，每局限五人，人各四马。先用五木掷采，采有十种，以卢、雉、犊、白

▲樗蒲五木　现藏韩国博物馆

▲六博　彩绘砖画　甘肃嘉峪关市魏晋7号墓　中室东壁　魏晋

为王采，余为氓采。王采得连掷，氓采则否。马过第一道关时须叠行，且非掷出贵采不得出关，马至坑前，非贵采不得越过，落入坑中，则有罚。唐代甘肃人李翱撰的《五木经》无局图，较简略，为我们提供了樗蒲较为完整的竞赛方法。

敦煌遗书中保存着有关樗蒲流行的记述。如：P.2418《父母恩重经讲经文》载："贪欢逐乐无时歇，打论樗蒲更不休。"又云："伴恶人，为恶迹，饮酒樗蒲难劝激。"S.525、S.6022《搜神记》云："卿昨日则麦地南头大桒（桑）树下，有二人樗蒲博戏，今［卿］将酒脯往其处酌合里置脯，往其处酌，他自取之，若借问于卿嗔怒，［但向拜之，慎勿言，其中有一人救卿］，吾在此专待卿消息。颜子行管辂之言，即将酒脯到大桑树下，乃见二人博戏，前后欲休，待从非常。颜子遂酌酒兴之，其人得酒即饮，贪博戏不看。饮酒欲尽，博戏欲休……"P.3266《王梵志诗残卷》载："饮酒妨生计，樗蒲必破家。但看此等色，不久作穷查"；"男年十七八，莫遣倚街，若不行奸道，相构即樗蒲。"以上写本不仅反映了樗蒲博戏在河西一带的流行，而且还为我们提供了樗蒲与饮酒结合，边饮边博，有时还与"打论"（蹴鞠）结合等特色。同时也表现出河西一带的樗蒲局中博向赌转化，滋长了贪婪、狡诈、淫逸的不良风习，造成了对个人、家庭及社会的损害。樗蒲继续发展至只剩一把掷具的地步，从而使骰戏从樗蒲局中独立出来，自出一宗，历久不衰。樗蒲五代后就逐渐失传了。但从六博所用的六根箭（骰子），樗蒲的马等博具到投壶的"矢"可以看到共通的传统，它们之间有着千丝万缕的联系。

▲樗蒲－1　彩绘砖画　甘肃高台县许三湾魏晋墓

▲樗蒲－2　彩绘砖画　甘肃高台县许三湾魏晋墓

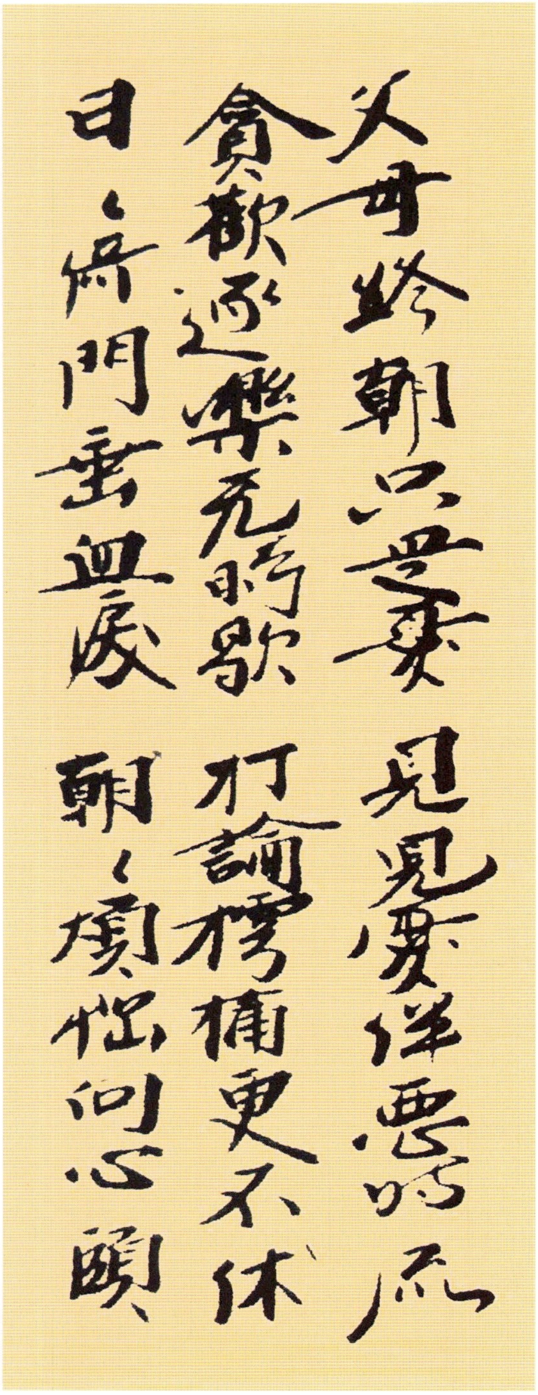

▲樗蒲　P.2418 写卷

3. 双陆

“双陆”的渊源和形成，是体育史研究必须要面对和解决的问题。前辈时贤对双陆已有许多论述，但对其渊源与形成，又如何传播？各抒己见，争论不休。由于“双陆”流传时间太长、范围又广，诸如起源，形制、规则等问题出现了不易弄清之处。如对双陆的传承有阿拉伯、印度之说。据《魏书》《北史》《北齐书》记载来看，双陆为北朝时传入中国之胡戏，而“胡”应指阿拉伯、波斯地区。早在张骞开通丝绸之路时，中国人已开始与阿拉伯、波斯等地固有着经济贸易和文化体育的交流活动。《三国志》《晋书》及《魏书》都称该地区为“条支”。据说，当时阿拉伯地区流行一种依骰子点数来行棋的博戏，阿拉伯、波斯人称其为“纳尔德（Narde）”，即双陆。后经陆、海两道由西向东传人我国，并广泛流传至中亚、南亚、东南亚及日本等地。至于南宋洪遵《谱双》所谓“双陆出天竺”也许考查条件等问题出现了误证。

双陆源于伊拉克，在汉魏时由印度随佛教经丝绸之路传入中国，到隋唐时，双陆已成为全民性的娱乐活动。双陆棋盘上纵横12条线组成25个格子，棋子分黑白两色。开赛后棋手轮流扔骰子，驱动格子的棋子前进。有关双陆的文献记载较多，如《资治通鉴》《新唐书》《旧唐书》《元史》《辽史》《唐律疏议》等均有提及。另外，唐宋的诗词变文等文学作品中也有许多有关双陆的描写。如敦煌文献P.3883《孔子项托相问书》、P.2999《太子成道经》、P.2718《王梵志诗》一卷都有对当时双陆游戏的描述。

双陆传入我国之后，到6世纪北朝时，在宫廷和权贵之中流行。据文献记载，双陆源于印度，由曹子建（植）把引进的此戏进行了棋具的改动，增用投子，因此称曹植始制双陆。《高昂传》载：“[高]昂与北豫州刺史郑严祖握槊”。[①]《北史》卷四八《尔朱世隆传》载：“初，世隆曾与吏部尚书元世俊握槊，忽闻局上谇然有声，一局子尽倒立，世隆甚恶之。”[②]《北齐书》卷五〇《和士开传》载：“世祖（561—565 年在位）性好握槊，士开善于此戏。”[③]《南史》卷八〇《侯景传》亦载：“尝与王（汀东王萧绎，后来的梁元帝，552—554 年在位）双六，食子未下，贲曰：‘殿下都无下意。’王深为憾，遂因事害之。”[④]可以说，南北朝时期，在宫廷和权贵中都十分尚好握槊、双陆，由于双陆行棋需要种种运智和诀窍，妙趣横生，深受欢迎，无论将领或士兵、大臣和君主，或是文学家、诗人、哲学家、商人和学生，都乐于此道。他们从中体悟出治国安邦之理，萌发军事战略和战术，或从中体味人生真谛。“双陆”游戏娱乐着世世代代的民众，使他们在博戏局影中忘却人间烦恼，神游于尘外。双陆的空前繁荣，真实地反映了当时的棋风棋艺及其时人的弈棋之乐，弈棋之思。

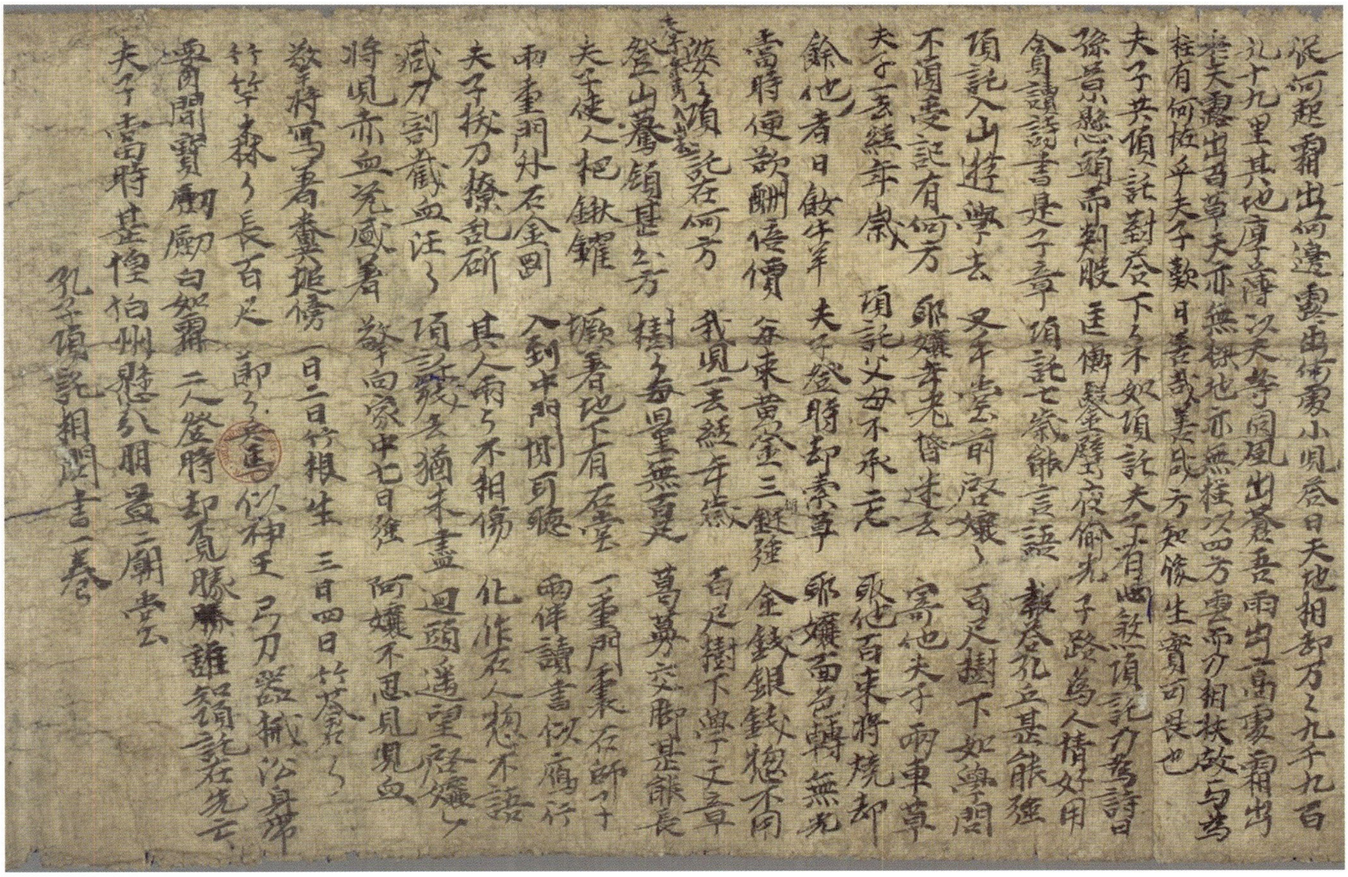

▲双陆　敦煌文献 P3883

① 北史：高昂传：三一卷[M]. 北京：中华书局，1974：1972.
② 北史：尔朱荣传：四八卷[M]. 北京：中华书局，1974：1771.
③ 北齐书：和世开传：五〇卷[M]. 北京：中华书局，1972：686.
④ 南史：侯景传：八〇卷[M]. 北京：中华书局，1975：2006.

▲掐丝珐琅狮戏球纹双陆棋盘　长 54.6 厘米　宽 34.5 厘米　高 15.7 厘米　明　现藏故宫博物院

"双陆"的渊源问题，学者争议较多，至今尚无定论，我们认为有重新思考的必要，因此本节就"双陆"的问题进行研究，主要是探索它的渊源的传播。我们查阅了大量文献，并赴中亚、南亚诸国进行了实地考察，通过考古出土文物触摸"双陆"的历史，并对"双陆"之渊源有了新的论据。

虽然以往众多学者对"双陆"的研究存在有许多分歧，但是关于双陆的起源则大致相同，基本上认为双陆源于印度，随佛教的传播经丝绸之路传入中国。但之后又有学者提出质疑，南宋洪遵《谱双》所述双陆，有大食（古代阿拉伯地区）、三佛齐（印尼苏门答腊）、阇婆（印尼爪哇）、南皮（印度半岛西海岸嘛罗拔等地）、真腊（柬埔寨）、占城（越南中南部）等不同种类，这些地方的棋盘、棋子的制作、用料不一，骰子的形制不同，对骰子点数的称法也有不同。[①]这诸多不同的双陆是从什么地方传入的？是否源于印度？但据考证，印度半岛是以乌木或角为骰子，其"长一寸许"，无幺六，与大食、中国之六面骰子颇有差异。

英国大英博物馆所藏黄国营《英伦日记40》载有一段有关双陆渊源的信息。从1922—1934 年，大英博物馆和宾夕法尼亚大学赞助对乌尔古城的发掘，他们发掘了约1850 个墓葬，其中 16 座被称为"王室墓葬"，考古价值极大，大多数"王室墓葬"的时间约是公元前 27 世纪，距今 5000年。

这意味着双陆起源于两河流域的美索不达米亚（Mesopotamia）文明，考古学家在今伊拉克东南部的乌尔古城——古代苏美

① 马建春. 大食双陆棋弈的传入及其影响[J]. 回族研究，2001(4)：59-62.

尔人（Sumerians）居住的吾尔镇（今伊拉克）遗址上发掘出距今 5000 年的双陆棋盘。这种棋盘至少在 6 个王室古墓中被发现，棋盘上镶嵌着贝壳、红玉髓和天青石装饰的图案，棋子则放在棋盘下面的抽屉里。

苏美尔人是两河流域北方山谷中的民族，公元前 3000 年，占据了底格里斯与幼发拉底两河流域的下游，在两河流域肥沃的土地上，他们不仅懂得农耕，圈养牲畜，而且创造了楔形文字，促进了西亚各国文字的形成，并创造了“太阳历”，计算出一年有 12 个月，共 364 天。还发明了战车，同时还创制了至今仍在流行的双陆棋。以后双陆通过丝绸之路传到了世界上很多地方，在与世界各民族的多次接触与交流中传遍世界各国，成为当时一项国际性的体育游戏。

双陆的交流传播是公元前 2200 年，居住在阿拉伯沙漠的游牧民族塞米族（Semitic tribe）侵入苏美尔，他们的首领汉谟拉比缔造了两河流域巴比伦时代的全盛时期，并发布了 282 条汉谟拉比法典，尤其是汉谟拉比时代商业极其繁盛，塞米人的商船货物走遍了亚洲西部，双陆和塞米人改造过的塞米楔形文字在这一时期传遍西亚。

双陆的传播的另一种说法是两河流域与埃及之间即今天的叙利亚及巴勒斯坦的沿海地带，有一个民族叫作腓尼基人（The Phoenicians），这也是一个擅长贸易的民族。他们来往于埃及、亚洲西部及希腊之间，双陆大约是经过他们传播到埃及和希腊的。考古学家在埃及法老图坦卡蒙（Tutankhamun）的陵墓中发现距今 3500 年的双陆棋盘，说明公元前 1500 年的埃及人已经流行双陆游戏了。至此双陆已传播于亚洲、欧洲及非洲各国。

上古西方人类文明的传播，是由东而西的。西洋文明的重心也由东向西推进。出土文物及文献证实，双陆在古希腊、罗马、波斯及东亚的贵族中广泛流行，由此可看出双陆在古代的传播路线是通过丝绸之路，由东向西路线是希腊、罗马、波斯、印度到包括中国在内的东亚地区。

双陆在公元前 326 年，马其顿亚历山大东征到印度河流域时传入印度。也有学者认为在印度流行的双陆是由邻国波斯传入，约在公元初年起，大量的印度商人和佛教僧侣分别从海上丝绸之路、陆上丝绸之路进入东南亚各国，把印度的犍陀罗艺术、波罗门教、佛教、瑜伽、神话、文学等有价值的优秀文化，由商人、僧人、游行者和移民等相继带入到了中国的敦煌、长安、洛阳等地区，双陆也随着丝绸之路进行的贸易、宗教、文化交流传入。“双陆”随着佛教的传播由印度进入了中国。南宋洪遵《谱双·序》：“双陆最近古，号雅戏。以传记考之，获四名：曰握槊、曰长行、曰波罗塞戏、曰双陆。盖始于西竺，流于曹魏。”后世基本上沿用这两种说法，而更倾向于后一种。

上述后一种说法提到双陆就是西竺之波罗塞戏，根据现有资料，罗塞戏一词最早出现于北凉县无忏译的《大般涅槃经》，该书卷十一载：“除供养佛，樗蒲、围棋、波罗塞戏、师子象斗、弹棋、六博、拍鞠、掷石、投壶、牵道、八道行成，一切戏笑悉不观作。”最早解释波罗塞戏的是隋朝智顗的《菩萨戒义疏》，其文曰：“波罗塞戏者，两国兵戏。二人各使二十玉象，此方亦有画板为道，以牙为子，争得要路即为胜也。”许多人就是根据这个解释认为波罗塞戏就是双陆。值得注意的是，在佛经中，提到波罗塞戏时常常同时又有六博，比如上引《大般涅槃经》。六博，佛经认为是双陆。《菩萨戒义疏》卷二："六博者，只（即）双陆也。"《梵纲经菩萨戒本疏》卷六："五言六博者有二种释，一云即双六是也，一云别数六种博戏。"《净心戒观法》卷一："僧尼破戒者……亲友妇女琴瑟、诗赋、围棋、双陆。"另外，在《佛本行集经》《六度集经》中也有对双陆的记述。

上述佛教经卷中所提到的双陆或六博，虽两者不是同一种游戏，但佛教的译经僧人却把它们等同起来。

在双陆的传播过程中，我们也发现了一些疑点，其一，据文献资料记载的分析，发现汉魏时期，印度传入中国的双陆与南宋时期由阿拉伯地区传入的双陆在棋具、形制、玩法及规则有一定的不同。据洪遵《双谱》记载，古代阿拉伯人流行玩一种根据骰子点数来行棋的游戏，称为"纳尔德(Narde)"，"大食国（宋人统称阿拉伯、波斯为大食）以其国所用金钱为博，钱面文作象形。"并指出了进行"纳尔德"时应遵守的礼节。这表明汉唐时期所流行的由印度传入的双陆，随着文化的演变和发展过程中由于受不同语言、不同民族的游戏兴趣影响，导致不同国家对双陆有着不同的棋具和不同的行棋方式。其二，上述佛教经卷中所提到的双陆或六博，虽是两种游戏，但佛教的译经僧人却把它们等同起来。然而六博与双陆确实不是一种游戏，两者的不同在于行棋的规则。根据文献资料和出土的实物，六博大部分为投箸的博和投煢的博。投箸的博包括投六箸、投二箸和投八箸的博；投煢的博包括投一煢的和投二煢的博①。

隋唐时期双陆更为盛行，并对棋法做了一些改进，使之更适合时人的兴趣和要求；两宋时期，双陆在民间的茶肆、酒楼中广泛流行，并整合于中国传统文化之中；辽金元时期，又受阿拉伯、波斯双陆的影响，双陆的行棋规则等有了许多新的变化。双陆这一古代博戏的演变过程中，反映出中国各民族体育文化交流与融合及外来体育文化融入中国传统文化的发展轨迹，体现了中国传统文化的开放性、包容性及融合不同文化的能力。

4. 围棋

围棋在古代称"弈"，"烂柯"是别称。《左传》《论语》《孟子》中都有记述，从西汉起围棋才成为正式棋种别号。围棋以"围"字概括了它的性质和特征，围与反包围始终是双方斗胜的焦点，从古至今不变。围棋多为两人对局，用棋盘和棋子进行。开局后，双方在棋盘的交叉点轮流下子，一步棋只准下一子，下定后不再移动位置。围棋着法复杂多变，运用做眼、点眼、劫、围、断等多种战术吃子和占有空位，制胜对方。它的棋法、棋理较为深邃，与哲学、美学等蕴含有相似的哲理。因此，它一直是我国重要的传统技艺之一，并被视作文化修养的必习雅艺。敦煌莫高窟和瓜州榆林窟中对有关围棋的壁画及遗书卷子均有保存。如榆林窟

---

① 郭双林. 中华赌博史[M]. 北京：中国社会科学出版社，1995.

五代 32 窟北壁《维摩诘变相》的对弈图，画面反映两人进行弈棋，右边的人正举手走棋，左边的人正出神地观看棋局。莫高窟五代 61 窟西壁《佛传故事》屏风画第 21 扇，绘有悉达太子弈棋图。宋代 454 窟东壁《维摩诘经变》绘有二人席地对弈的生动场景；主室中心佛坛上，南北两面有六扇屏风画，其中南面有一扇两人对弈图。敦煌遗书 S.4571《维摩诘经讲经文》曰：“若至博弈戏处，辄从度人。”其意思是维摩诘经常到下棋处，借观棋之机说法度人。P.2718《王梵志诗》一卷云：“围棋出专能”，说明弈棋必须具有专门的思维能力。S.5725 记载了“玉女降，帝与之围棋甚娱”的故事。S.102《梵网经》还提到“僧人不得搏蒲、围棋”。

另外，中国围棋史上的重要一页，就是 1900 年在敦煌藏经洞（莫高窟第 17 窟）出土的文献中，发现一卷名为《碁经》的卷子，它是世界上唯一记载中国最古老的棋艺的孤本。

敦煌抄卷《碁经》现存英国图书馆，编号是 S.5574。原文写在一卷佛经卷子的背面，无撰者姓名。卷首已残缺约三五行。卷末题“碁经一卷”。另有藏文题记一行。现共存本文 160 行。《碁经》为“骈文”体裁，处处可见对偶式的四六句子，全文不分段，内容可分正文和附录两个部分。第一篇篇名不详，从现存的文字看，主要是阐述弈棋的基本要领和法则，还涉及声东击西、弃子得利等战法；第二篇《诱征篇》，专论征子之法；第三篇《势用篇》综论各种“势”的运用，即一些具体的死活和对杀图形，如“直四曲四，便是活碁。花五聚五，恒为死亡”“角旁曲四，局竟乃亡”；第四篇为《像名篇》；第五篇《释图势篇》论述图与势的关系和复图打谱的重要性。“图者，养生之巧，大格之能”，强调“图”与全局作战的关系。而“势者，弓刀之用，皆有所宜”，是具体的战斗武器。经常打谱，熟悉各种图势，“多习有益，数学渐能”乃是提高棋艺的途径；第六篇《棋制编》，叙述弈棋的规则和计算输赢方法；第七篇《部襄篇》，作者自述“性好手谈”，阐述将棋势分为四部的标准和内容。“依情具理，搜觅所知，使学者可观，寻思易解。”正文共七篇，附录还有：《碁病法》、梁武帝《碁评要略》棋经标题及藏文题记。全卷现共存 2449 字。

《碁经》的抄写年代，据成恩元先生考证断定“应当是北周时代”。认为古代避讳制度严格，经文中许多不缺笔的字，都不避宋、五代、唐、隋、梁各朝诸帝的讳。我国对围棋棋子的说明，一般都以黑子、白子相称。但《碁经》中，不称“黑子”“白子”，而称“乌子”“白子”，原因是为避北周太祖文帝宇文泰的小名“黑”的讳而改称的。《碁经》避讳“黑”字，是断定抄写年代的证据之一。此外，从内容上看，《碁经》中所谈，大都是唐以前棋弈界的情况，从棋法、制度、词汇、术语，甚至所引证的人物故事等，基本上限于春秋至萧梁，无六朝以后人名。经文的书法，也具有六朝人的风度，特别是别体字，也都是六朝经卷、碑碣中所见的别体字，从地域位置讲，敦煌郡当时正属北周的领域。因此，基本可以断定《碁经》应当是北周时代抄写的卷子。

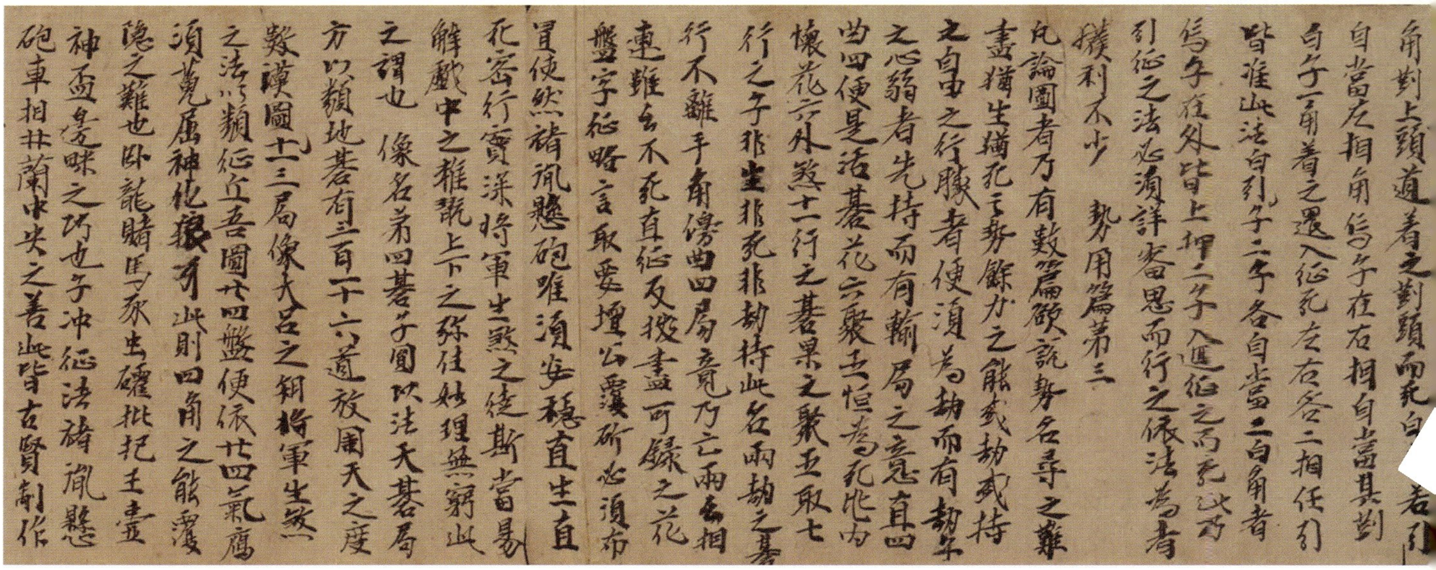

▲棋经－1　敦煌抄卷 S.5574　北周　现藏大英博物馆

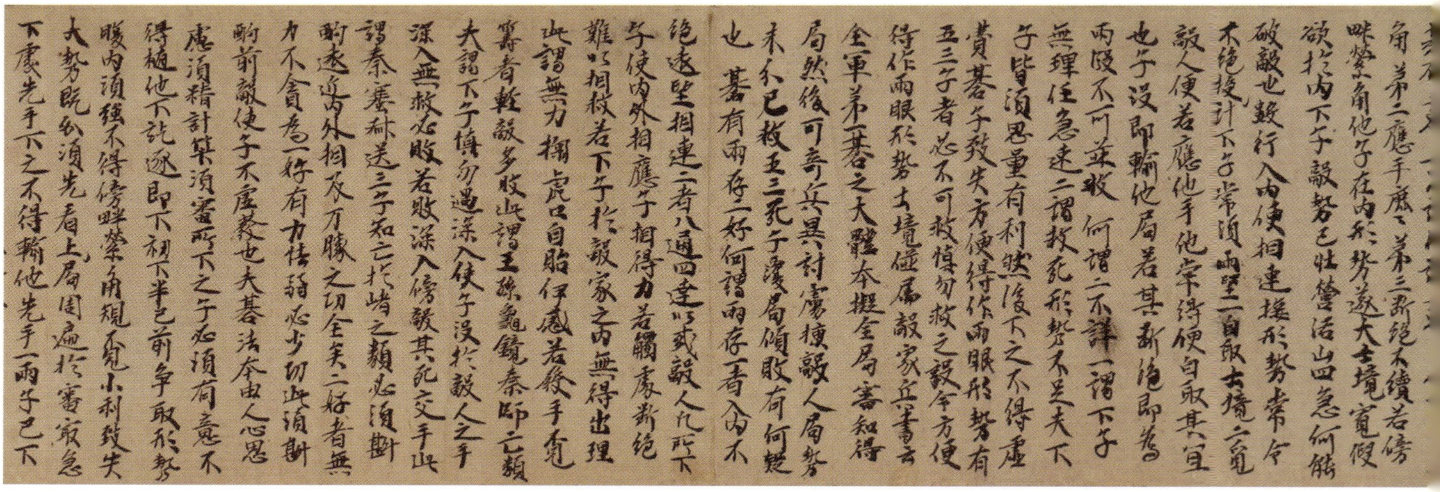

▲棋经－2　敦煌抄卷 S.5574　北周　现藏大英博物馆

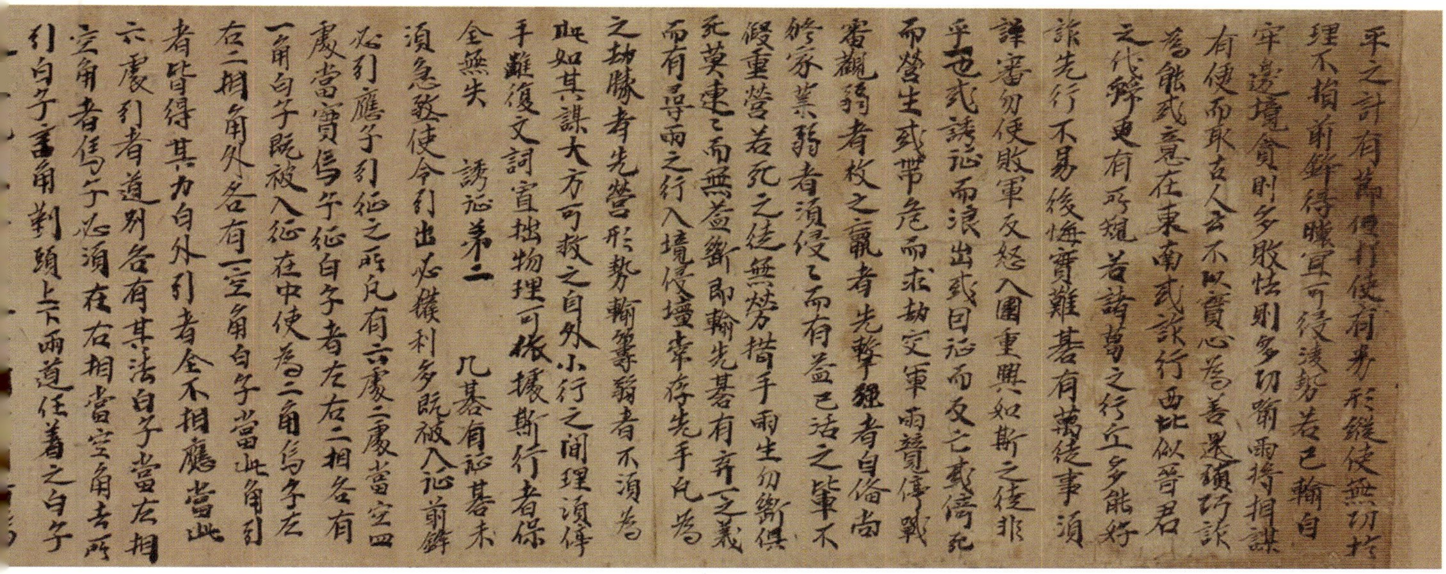

平之計有節俱行使有勞形繼使無功於
理不指前鋒待職宜可侵淺勢若已輸自
牢邊境貪則多敗怯則多功斯兩將相謀
有便而取古人云不以實心爲善巧頂巧詐
爲能或意在東南或詐行西北似爲君
之代歸更有所規若詐之行近多能好
詐先行不易後悔實難甚有萬徒事須
詳審勿使敗軍反怒入圍重興如斯之徒非
乎也或誘證而浪出或同證而反亡或得死
而營生或帶危而求劫交軍兩覽傳戰
審觀弱者救之贏者先擊强者自備當
於家業弱者須侵之而有益己活之輩不
假重營若死之徒無勞措手兩生勿斷俱
死莫連之而無益斷即輸先甚有棄之義
而有尋而之行入境侵壇常存先手凡爲
之劫勝者先營於勢輸籌弱者不須爲
此如其謀大方可救之自外小行之間理須停
手難復文詞宜拙物理可依據斯行者保
全無失　誘證第二　凡棊有證棊未
須急致使令引出必獲利多既被入證前鋒
必引應子引證之所凡有六處二處當空四
處當實傷子證白子者左右二相各有
一角白子既被入證在中使爲二角傷子左
右二相角外各有一空角白子當此角引
者皆得其力白外引者全不相應當此
六處引者道別各有其法白子當左相
空角者傷子必須在右相當空角者所
引白子當角對頭上下兩道任著之白子

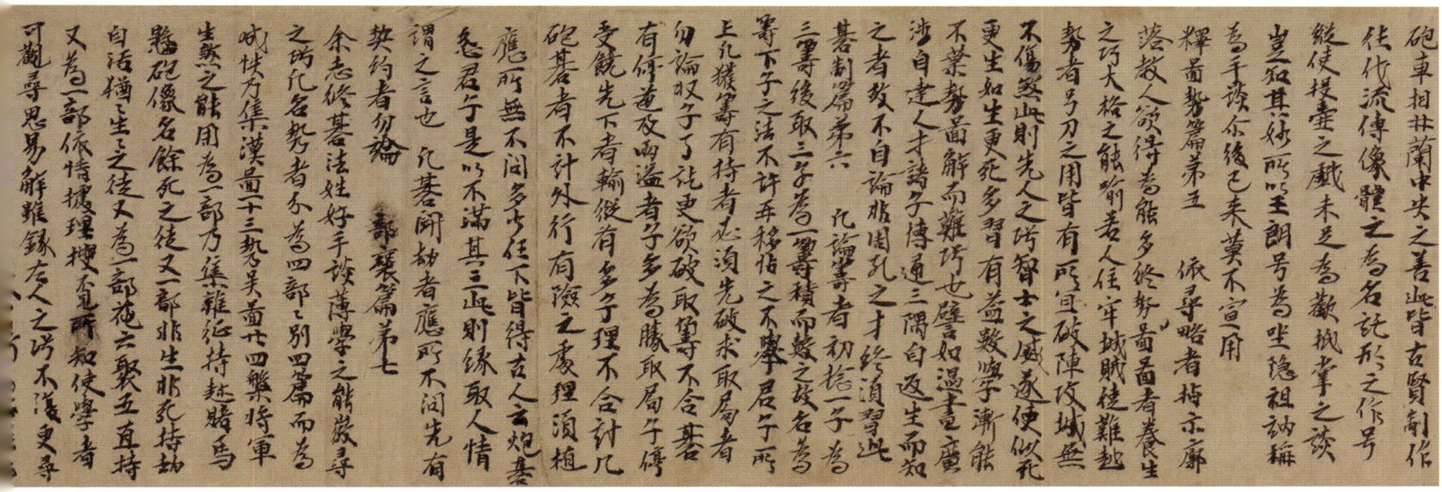

砲車相井蘭中央之善此皆古賢制作
往代流傳像體之爲名託形之作號
縱使棋壺之威未足爲歡枳掌之談
豈知其妙所以王朗號爲坐隱祖訥稱
爲手談余後已來莫不宣用
釋畜勢篇第五　依尋略者指示廓
落敎人欲得爲能多能勢畜畜者養生
之巧大格之能前者人任牢城賊徒難越
勢者身力之用皆有所宜破陣攻城無
不傷怒此則先人之巧智士之威亦使似死
更生如生更死多習有益數學漸能
不棄勢畜解而難巧也譬如温書重廣
涉自達人才諸子傳道三隅自返生而知
之者故不自論非周孔之才終須習此
棊制篇第六　凡論棊者初捨一子爲
三棊後取三子爲一棊棋而數之此名爲
棊下子之法不許再移指之不舉君子所
上凡棋籌有持者必須先破求取局者
勿論奴子了訖更欲破取棊等不合若
有停著夜而溢者子多爲勝取局子停
定饒先下者輸縱有多子理不合計凡
砲棊者不計外行有險之處理須植
應所無不問多少任下皆得古人云炮棊
急君子是以不滿其三此則緣取人情
謂之言也　凡棊所劫者應所不問先有
契約者勿論　部襄篇第七
余志從棊法性好手談薄學之能粗尋
之術凡名勢者分爲四部々別四篇而爲
部帙方集漢書十三勢吳書七四樂將軍
生煞之能用爲一部方集雜征持赳贈馬
雞砲像名餘死之徒又一部非生非死持劫
自活擿生之徒又爲一部施六聚五直持
又爲一部依持據理捜索所知使學者
可觀尋思易解難録左人之術不復更尋

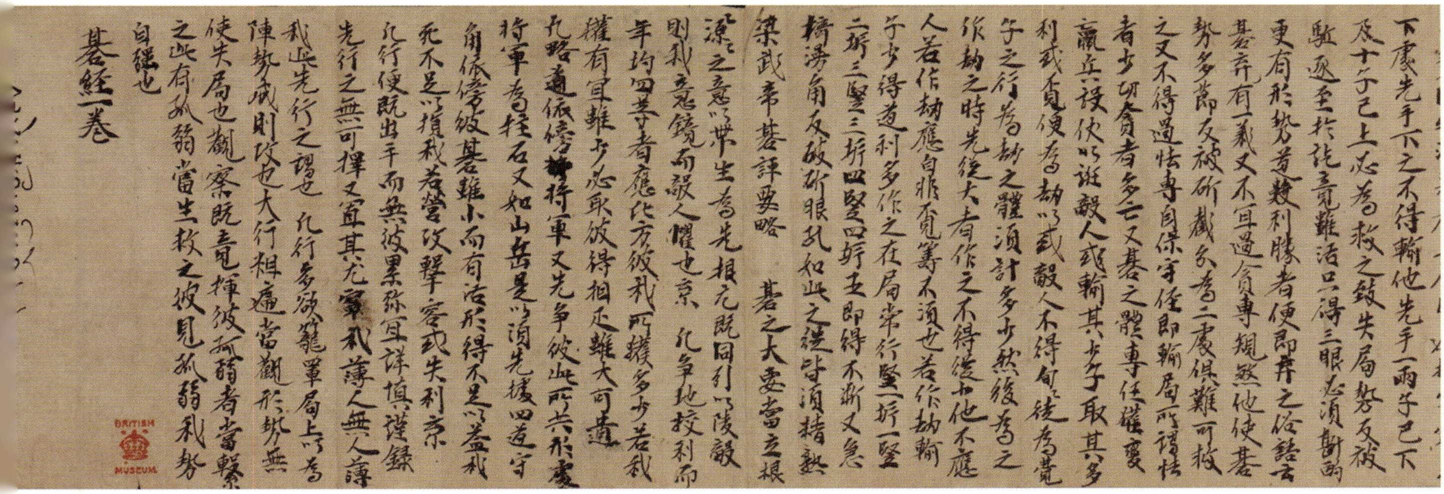

下處先手下之不得輸他先手一兩子已下
及十子已上必爲救之致失局勢反被
馳逐至於詑竟難活只得二眼必須斷兩
更有於勢著數利勝者便即棄之俗諺云
棊棄有一義又不可逼貪專規煞他使甚
勢多節反被所截分爲二處俱難可救
之又不得逼怯壽自保守便即輸局所謂怯
者少功貪者多亡又棊之體專任權變
贏在伏兵以誑敵人或輸其少子取其多
利或負傷爲劫以誘敵人不得便爲覺
子之行爲劫之體須計多少然後爲之
作劫之時先從大者作之不得後把他不應
人若作劫應自非負籌不須也若作劫輸
子少得道利多作之在局常行竪一折一竪
二折二竪三折四竪四折五即須不断又急
持涉角反破折眼乳和此之徒皆須精熟
梁武帝棊評要略　棊之大要當立根
源之意以帶生爲先相克既同引以陵敵
則我意鏡而敵人懼也京　凡爭地權利而
年均四勢者應作方絞我所獲多少若我
權有寬雖少必取放得相越雖大可遺
凡略邊依傍樹持軍又先爭繞此所共形處
持軍爲牲石又如山岳是以須先援四邊守
角依傍破棊雖小而有活於得不足以益我
死不足以損我若營攻擊寧或失利京
凡行使既出手而無波累旅寬詳愼謹録
先行之無可擇又宜其先密我薄人無人薄
我此先行之謂也　凡行勢欲寬單局上可爲
陣勢戚則攻也大行相逼當觀於勢無
使失局也觀察既竟捍彼逼弱者當擊
之此有孤弱當生救之彼見孤弱我勢
自繼也
棊經一卷

▶棋经－3　敦煌抄卷 S.5574　北周　现藏大英博物馆

第三节　魏晋十六国墓葬体育壁画与审美艺术

选择魏晋墓葬体育彩绘砖画进行美学研究，其目的是了解魏晋人的休闲娱乐生活与审美观念，了解魏晋时期的历史状况与民风民俗，可以补文献之不足。尤其是墓葬砖画所呈现的体育图像，更接近于人类心理的“原发过程”。它折射出人们从感觉到观念，由观念形成理念，从而破译视觉图像中的体育文化基因，无疑是了解魏晋时期体育发展的另一有效途径，它既可用以阐释渊源，也可用以展示未来。

我们从考古发现的甘肃河西地区魏晋墓葬彩绘砖画所显示的体育图像为线索来展开研究和考证，并揣摩古人的体育思想意识，捕捉古人的审美心理，以期对于作为魏晋时期各民族的审美文化之集大成的游戏、娱乐、竞技进行一番整理。在此基础上进一步总结体育所蕴含的民族、民间、民俗的文化智慧。它包括乐天悯人的精神情怀、阴阳相生的生成之道、天人合一的理想之境、为赢而赛的竞技运动以及岁时节日的闲情娱乐等等。因此，追求一种“和”的境界也就成为魏晋体育的最高的审美理想。而选择魏晋南北朝的墓葬体育彩绘砖画进行研究，既是对魏晋墓葬砖画中的体育形态进行系统的梳理，也是对我国古代体育发展的一个断代性研究，从而使研究的结论在辨析魏晋体育考古资料的社会价值方面具有可操作性。

一、魏晋体育彩绘砖画的文化探源与美学思辨

汉王朝统一了中国，直至东汉末年的混战中崩溃，随后紧接着出现约四百年的分裂割据，纷争扰攘的魏晋南北朝时期，也是我国文化史上的一个重要转型时期，同时也是社会大动荡时期，使得魏晋人的生命意识陷入执着与颓唐、追寻与失落的内在矛盾之中。不仅人们的社会意识、思维方式、伦理准则、信仰观念、价值体系在不断发生变化，而且人们的日常行为、个人习惯、风俗民情，以及具体的服饰、饮食、游戏、娱乐、竞技等游艺习俗也都发生了较大的变革。魏晋，是中国历史上一个苦痛的时代，也是一个充满悖论的时代，更是一个审美的成就极高的时代。所有这一切，都深深地影响到了当时审美文化与审美意识的形成。

魏晋南北朝时期，虽然迎来了五胡十六国的战乱，但它绝非是一个单纯的“乱世”。因这一时期经济发展出现了新的局面，北方农业缓慢发展，南方的士族庄园经济有了新的规模，并孕育出了六朝文化，南北文化亦交相辉映，诸子百家争鸣盛行，出现了一个文化上风流竞逐、异彩纷呈的态势，不由人想起“邺下放歌”“竹林酣畅”“兰亭流觞”“南山采菊”之类风流雅事。另外，五胡民族的大迁移，佛教的兴盛，佛教经典的大量引进和译介，僧侣济济、人才辈出。这不仅是对佛教的认同与皈依，更是有着深层的意

▲狩猎　甘肃敦煌莫高窟第 249 窟壁画　窟顶北披　西魏

蕴，反映了魏晋南北朝是一个充满信仰的时代，也是魏晋人为了追求真理而不断探索的时代。与此同时，老庄思想的盛行，道教的发展，天师道、方仙道、黄老道的广泛传播，升仙的思想与生死观在民间的形成，以及各种宗教祭祀的娱神又娱人的活动对当时人的审美意识有了新的提升。

今天，遍布于河西走廊的魏晋墓葬砖画，穿越了千年的时空和千里的茫茫戈壁，向现代人们传递了绵绵不绝的丰富信息，尤其是一幅幅精彩纷呈、形象逼真、风格朴实的真切画面，表达了当时人们对现世生活的热爱和眷恋。在这里，我们看到前人们殷实富足的庄园生活，声势壮大的骑士出行队列，宴饮中的角抵百戏，乐舞杂技，疾驰马上弯弓回射和兔起鹘落的围追狩猎，挥臂博弈的场景等等都指向了对美好的现世休闲、娱乐生活的迷恋和执着。

体育，既关乎人类的物质文化，也关乎人类的精神文化。体育之于文化是子体之于母体的关系，这也意味着体育的生命形态本身就包孕着文化的全部基因。体育以人文精神的张扬为核心，体现出对主体生命意义的持存，对人类自由精神的感悟，对人类精神家园的守护。而体育所凸现出的自身的文化属性和精神品格以及其审美特性，它虽然不可避免地受到其他文化形式的影响与掣肘，却无疑是以审美为核心；以审美体验为目的，既深受儒家文化的浸染，又明显表现出对佛、道诸家境界的追求。当时的各种体育形式，由于其表现外在，易为人们所感知，因此显得生动而具体；凡是具有正常感官的

▲狩猎　甘肃敦煌莫高窟第 285 窟壁画　南壁上层　西魏

人都能接受和领会这种美，因此具有较为广泛和普遍的可理解性。它们主要是以形象、色彩作用于人的感官，因此容易唤起人们的共鸣，以至使整个身心愉悦、舒适、放松、平衡，从而得到美的享受。而从美学原理来看，体育的发生、发展和广泛开展，是当时魏晋人对生命的热爱，对娱乐、竞技的追求中产生的。为了满足生命所需的自然美，人们千方百计地去追求、探索各种体育的规律和方法。体育不仅符合人们对美的追求，自身也具有美的形式，因此更为人们所热爱。体育更显示出一种大器晚成的品位与格调，并且以其特殊的游戏、娱乐与竞技范式体现出深厚而广博的文化智慧。这种民族、民间、民俗的文化智慧不是超然的、玄妙的，而是指向现实人生的享乐，指向一种感性的沉醉。它得之于人们的现实感悟和审美娱乐的需要。而至今，体育似乎已脱尽了其民间文化的质朴和粗放，已经渐渐远离了人们世俗的审美娱乐，特别是体育在经过宫廷文化和文士化的阶段之后，加之在西方奥林匹克竞技体育的影响下，吸附了形式多样的竞技体育，并以特有的风姿神韵迈入了一种新的审美阶段。

这需要我们对体育进行文化上的追根溯源，并与审美学的思辨相结合，构成文化探源的进一步逻辑思考，从而深入地去体悟体育自身的形式与意味，进而追寻其现实的意义。

二、魏晋体育彩绘砖画的美学探讨

对体育文化的研究，墓葬起着重要的作

用，因文献所遗存的有关体育文化的记载不仅有限，而且比较抽象，而考古学的发掘使我们看到了许多掩埋在地下的实物，再现了魏晋时期的体育文化，填补了正史资料的缺失。

墓葬实际上是亡者安居地下的阴宅，是人们依照人间住宅建造的墓室，墓室四壁的装饰以砖画为特色，基本上每砖一画，独立成幅。砖面用白土粉涂底，然后用墨线勾出轮廓，再填入朱红等色彩，用笔绘出图像，其内容也与人世间的生活一样，期望死者在另一个世界能与生前一样幸福地生活。

▲庖厨　彩绘砖画　甘肃酒泉西柳沟村魏晋墓出土的煎饼画像砖

▲汲水　彩绘画像砖　甘肃酒泉西柳沟村魏晋墓出土

▲抬水　彩绘画像砖　甘肃酒泉西柳沟村魏晋墓出土

▲仕女　甘肃嘉峪关魏晋Ⅰ号墓

▲庖厨　彩绘砖画　甘肃嘉峪关魏晋 3 号墓

▲庖厨　彩绘砖画　甘肃嘉峪关魏晋 4 号墓

▲庖厨　彩绘砖画　甘肃嘉峪关魏晋 5 号墓

▲庖厨　彩绘砖画　甘肃嘉峪关魏晋 7 号墓

▲宴饮　彩绘砖画

▲采桑　彩绘砖画　甘肃嘉峪关魏晋 4 号墓

▲装箱　甘肃酒泉丁家闸魏晋墓

▲采桑　彩绘砖画　甘肃高台骆驼城魏晋墓

▲古树　彩绘砖画　甘肃嘉峪关魏晋墓

▲朱雀衔环铺首　彩绘砖画　甘肃嘉峪关魏晋 5 号墓

▲守门犬　彩绘砖画　甘肃嘉峪关魏晋 5 号墓

▲农耕　甘肃嘉峪关魏晋 3 号墓　长 36.5 厘米　宽 17.5 厘米

▲农耕　甘肃嘉峪关魏晋 4 号墓　长 36.5 厘米　宽 17.5 厘米

▲农耕　甘肃嘉峪关魏晋 4 号墓

▲农耕　甘肃嘉峪关魏晋 5 号墓　长 36.5 厘米　宽 17.5 厘米

▲农耕　甘肃嘉峪关魏晋 5 号墓　长 36.5 厘米　宽 17.5 厘米

▲农耕　甘肃嘉峪关魏晋 6 号墓　长 36.5 厘米　宽 17.5 厘米

▲农耕　甘肃酒泉丁家闸十六国 5 号墓

▲农耕　甘肃酒泉丁家闸十六国墓

▲农耕－1　彩绘砖画

▲农耕－2　彩绘砖画

▲牵驼人　彩绘砖画　甘肃嘉峪关魏晋6号墓

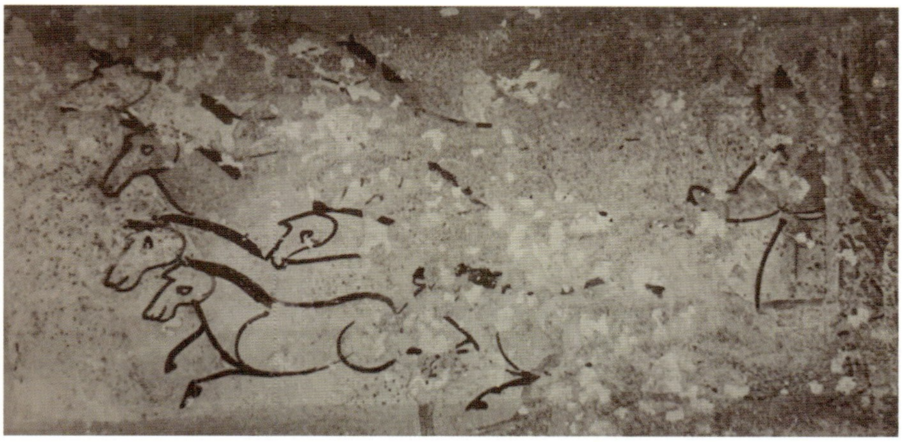

▲牧马 甘肃嘉峪关魏晋 4 号墓

▲牧牛 甘肃嘉峪关魏晋 4 号墓

▲牧羊 甘肃嘉峪关魏晋 5 号墓 长 27 厘米 宽 17.5 厘米

▲牛群　彩绘砖画　甘肃嘉峪关魏晋 5 号墓

▲马群　彩绘砖画　甘肃嘉峪关魏晋 5 号墓

▲马群　彩绘砖画　甘肃嘉峪关魏晋 7 号墓

▲牧鹿　彩绘砖画　甘肃高台骆驼城墓群出土　魏晋

▲羊群　彩绘砖画　甘肃嘉峪关魏晋 13 号墓

▲鸡群　彩绘砖画　甘肃嘉峪关魏晋 13 号墓

▲仕女　彩绘砖画　甘肃嘉峪关魏晋 6 号墓

▲母子　彩绘砖画　甘肃嘉峪关魏晋 12 号墓

▲彩绘木俑　高 21.5 厘米—22.5 厘米　甘肃张掖骆驼城墓群出土　东汉　现藏甘肃高台县博物馆

◄胡俑牵马　马长 38 厘米　俑高 28 厘米　肩宽 6 厘米　前秦　甘肃张掖许三湾五道梁墓群出土　现藏甘肃高台县博物馆

►彩绘木马　长 25 厘米　高 38 厘米　甘肃张掖骆驼城墓群出土　东汉　现藏甘肃高台县博物馆

▶市马　高 98 厘米　甘肃张掖骆驼城墓群出土　东汉　现藏甘肃高台县博物馆

▶仕女市头俑
甘肃高台县骆驼城汉墓出土

▲金花－1　甘肃张掖高台县罗城乡河西村西南地埂坡墓群 M4　魏晋

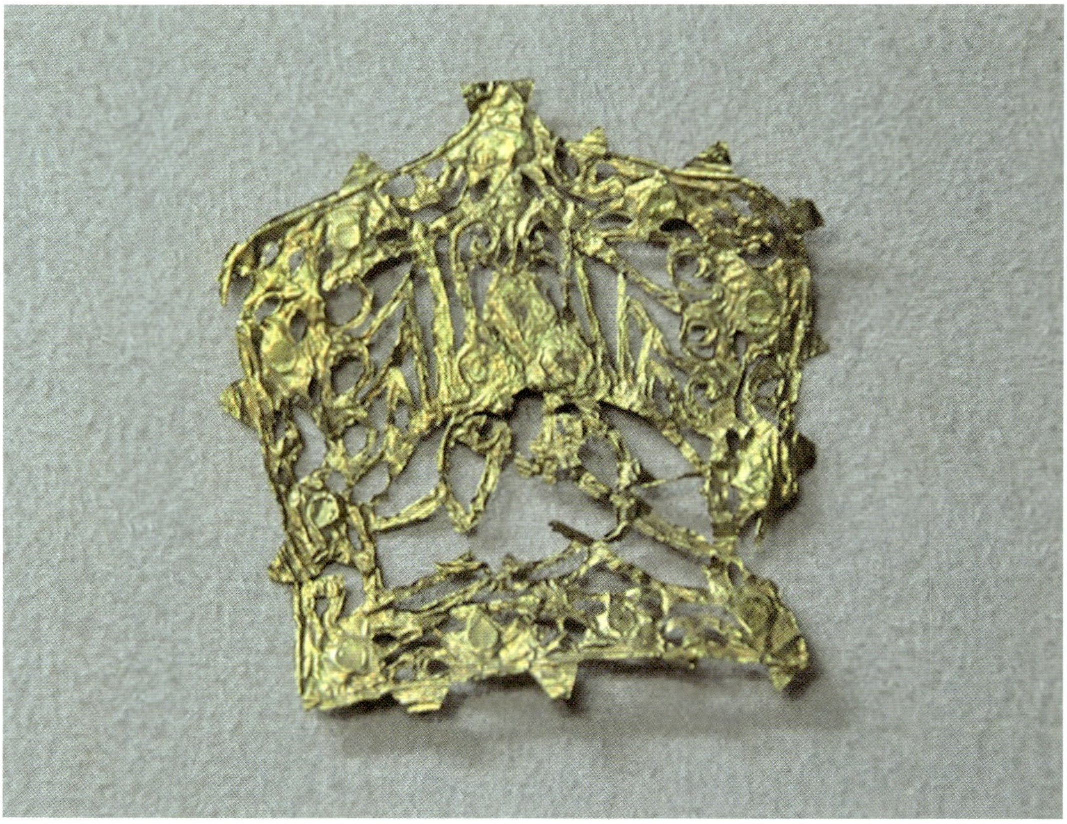

▲金花－2　甘肃张掖高台县罗城乡河西村西南地埂坡墓群 M4　魏晋

▲秦兵马俑　均高 1.7 米　现藏陕西秦始皇兵马俑博物馆

魏晋砖画所描绘的游戏、娱乐与竞技的象征图像，代表了当时人们的审美倾向。它是人与社会相互结合，人的身体与人的精神相互印证又相互作用，而形成的一个具有符号意义的网络结构。一方面表现为人类思维的一种形式，另一方面又表现为一个民族文化存在的方式，最终表现为人类的精神特征和文化特征。

墓葬彩绘画像砖不仅是魏晋社会生活的反映，而且是当时人们审美幻象的表现。这种审美幻象带有魏晋人意识形态的性质，它以符号的方式，在魏晋砖画的视觉图像中得到象征性的表现。作为绘在墓砖上的图像，系统地表现了魏晋人的游戏、娱乐与竞技。它不仅表现了现实世界的生活图像，而且表现为人对死后世界的理想建构，它从狩猎、博弈、角抵、舞蹈、百戏、游戏等走向一种审美的幻觉。

第四章

魏晋人在征服自然中追求长生

自古以来，追求长生一直是人们所探索、实践和研究的一门科学。追求长生的前提是养生，而养生在我国有着悠久的历史和传统。先祖在日常生活中积累了大量预防疾病、增进健康、延年益寿的养生法则，并逐渐形成了具有中国文化特色的『修身』『齐家』『治国』『平天下』的一整套指导人们进行自我修炼的理论，并以探讨生命存在的自然方式为思想内核，以追求精神超越的养生学问为主旨意趣。

第一节　魏晋南北朝的养生观念

“养生”在中国古代又称为“摄生”，所谓“摄”，即“保养”之意。“养生”一词最早见于《庄子》内篇。所谓生，即生命、生存、生长；所谓养，即保养、调养、培养、补养、护养。养生是通过养精神、调饮食、练形体、适寒温等各种方法而实现强身益寿的综合性活动。

一、魏晋人的养生思想和方法

中国古人养生的历史源远流长，具有独特的东方色彩。早在数千年前，中华民族的先祖就发现了运动对身体养护的重要作用，认识到“生命在于运动”的自然规律，主张用积极主动的身体运动来增进健康。在数千年的历史长河中，养生经过不断的完善和发展，已成为维护人类生命与健康的重要手段，从而在民间广泛运用。

中国古人的养生历史悠久，据《吕氏春秋·古乐》载，在原始社会末期的陶唐氏时代，古人就有“阴多滞伏而湛积，水道壅塞，不行其原，民气郁阏而滞著，筋骨瑟缩不达，故作舞以宣导之”的记录描述。这也是后来导引术、按摩术等古代养生方法的雏形。“导引”之名，就是从“教人引舞以利导之”的含义中产生出来的。所谓“导引”，是古代的一种养生术，即通过呼吸吐纳、屈伸俯仰、活动关节、使血气流通，并促进健康。在原始社会生产力极其落后低下的情况下，虽然曾有一些养生的萌芽现象，但其性质也只是“自卫其生”而已。

先秦时期，“动以养生”的思想成熟，提出了包含“劳”和“动”两个方面内容的“动以养生”概念。如《吕氏春秋·尽数》提出“流水不腐，户枢不蠹，动也。形气亦然，形不动则精不流，精不流则气郁”的论述。

秦汉时期，导引术有了较大的发展，形成了较完整的行气理论，开始运用阴阳五行思想与“精、气、神”原理阐释行气理论。出现了《五禽戏》之类的养生方法。

到了魏晋南北朝时，养生思想有了长足的发展，并初成体系。道教对古代导引养生产生了较大的影响。两晋之间的葛洪和齐梁之间的陶弘景，是魏晋南北朝时期道家养生领域最有影响的人物。他们致力于导引行气术的研究和整理，使魏晋南北朝成为中国古代导引行气术发展的重要时期。此外，玄学和佛教的兴盛也助长了导引养生的发展。

在南北朝时期，中国社会处于长期的动乱，文人开始追求清虚生活，以玄对人生，“重神理，而遗形骸”成为社会风气。所以有论者认为，魏晋人普遍轻视身体，甚至残害身体。这样的看法大多根据晋人依托的《列子·杨朱篇》所讲的：“十年亦死，百年亦死……死则腐骨，腐骨一也！熟知其异。”其实并非完全如此，我们深入到魏晋南北朝的历史中去研究，就不难看

▲奉食　山西大同市智家堡村北魏墓　北魏

到，南北朝的文人是很重视养生的，不少文人墨客追求处生死、极虚静、超凡脱俗的“仙境”，他们坚信经过长期修炼，可长生不老。

魏晋时期的“竹林七贤”被认为是推动社会形成清淡之风的始作俑者。他们崇尚清淡，不拘礼教，行为放荡，给后人留下了一种“竹林七贤”不顾生命、轻视生命的印象。实际并非如此，竹林七贤均喜爱博弈和养生。另外，魏晋人十分相信神仙方术，崇信金丹轻举，讲究药物养身，对长生不老药的采集和制作非常精细，尤其是对炼丹术能使人长生作出了论证。随着道教的发展，炼丹术与道教结合在一起，得到了进一步的发展。炼丹的目的在于求取令人长生不死的丹药，有其荒唐之处，但炼丹本身，包括其过程以及结果，包含许多古代化学知识。魏晋南北朝时期最具代表性的炼丹家有东晋的葛洪和南朝的陶弘景。

▶禅定佛　甘肃敦煌莫高窟第 259 窟壁画北壁东端　北魏

▼禅定　甘肃敦煌莫高窟第 285 窟壁画　东顶南侧　西魏

二、中国古代养生的理论基础

中国传统医学（简称中医）以其博大精深的理论而闻名于世，其形成和发展与数千年的传统文化密切相关。中国传统医学与中国传统养生有着密切关系，中医理论为中国传统养生学的发展奠定了坚实的理论基础。

1. 阴阳学说

在阴阳学说中，阴阳相互对立、依存、消长和转化，是古代人们认识人类生命活动的观点和方法。阴阳哲学被我们的祖先在医学中广泛运用。《内经》指出："上古之人，其知道者，法于阴阳。"说明人体这个有机的整体既相互联系，又可分为相互对立的阴阳两部分，如里为阴，表为阳；寒为阴，热为阳；气为阴，血为阳；腹部为阴，背部为阳；五脏为阴，六腑为阳等。（表一）

人体脏腑组织结构的阴阳属性

表一

脏腑组织	阳	阴
大体部位	上部、头面、体表	下部、腰腥、体内
背腹四肢	背部、四肢外侧	腹部、四肢内侧
脏腑经络	六腑、手足三阳经	五脏（心包）、手足三阴经
五脏部位	心、肺	脾、肝、肾
五脏功能	心、肝	肺、脾、肾
每一脏腑	心阳、肾阳、胃阳……	心阴、肾阴、胃阴……
气血津液	气	血、津液

人体生命活动的正常运行，是通过人的肌体在不断运动和变化中保持阴阳能动的平衡来维持的，如果人体的阴阳平衡失调，就会减弱人的生命活动，生病乃至死亡。所以传统养生就是以运动来调节人体阴阳，必须根据阴阳的变化顺应四时，选择功法和形、意、气配合，使之达到平衡。例如，阴盛阳虚的人，就应该冬季练动功，夏季练静功，以求助阳抑阴；而对阴虚阳盛的人，则应该选择静功练习，以求助阴抑阳。这是中国传统养生的法则之一。

2. "气"的学说

中国哲学将天、地、人整合成一个有机整体的宇宙图式，而构成其基础、本原和动力的便是"气"，于是将生命的本质也归结为"气"。所以《庄子·知北游》中说："人之生，气之聚也；聚则为生，散则为死。"也就是说，生命活动是自然界最根本的物质——气的聚、散、离、合运动的结果。

古代医家认为，气是充养人体的一种精微物质。根据分布的地方及其所反映出来的作用不同，气有多种不同的名称。如禀受于先天的称为元气，得之于呼吸饮食的称为后天之气或水谷之气。气血是人体的重要组成部分，是维持人体生命活动不可缺少的精微营养物质，气血之间维持着一种"气为血之帅，血为气之母"的相辅相成的动态平衡状态。

气能激发和促进人体的生长发育，推动血液、津液的生成运行，有温煦人体、卫护肌肤、抗御邪气的作用。气还对体内的液态物质，如血液、汗液、唾液、精液等具有顾护统摄和控制的功能。通过气的运动产生精、气、血、津液的各自代谢和相互转化，以及由脾胃运化食物而化生水谷精微，达到营养人体的作用。中国传统运动养生讲究“意守”，身体哪个部位有疾病，就以“意”领气到发病部位，气能改善发病部位的血液供应，起到调和气血的作用。也可采用导引功法，通过运动肢体和呼吸吐纳等手段，来促进体内新旧气血的交换，调和气血。

3. 经络学说

经络，是经脉和脉络的总称，是人体疏通气血、联络脏腑形体官窍、沟通内外上下、感应传导信息的通路系统，是人体的重要组成部分，也是导引术的重要理论基础，包括十二正经和奇经八脉。（表二）

奇经八脉的生理功能

表二

名称	生理功能
督脉	调节阳经气血，总督一身之阳经，为“阳脉之海”；反映脑、髓、肾的功能
任脉	调节阴经气血，总任一身之阴经，为“阴脉之海”；调节月经，妊养胎儿
冲脉	调节十二经气血，故称“十二经之海”“血海”“五脏六腑之海”；与生殖功能有关
带脉	约束纵行躯干的诸条经脉，固护胞胎，主司带下
阴跷脉	主司下肢运动，司眼睑开合
阳跷脉	主司下肢运动，司眼睑开合
阴维脉	维络诸阴
阳维脉	维络诸阳

经络畅通，则人体各种通道畅通，生命活动正常；若经络出现异常，人体的机能就会发生障碍，产生疾病。因此，中国传统运动养生的功法可以疏通经络，达到气血畅行。练功时，要求以意引气，通过肢体活动，促进气血循经络之流，气血充盈，百脉皆通，就能达到防治疾病的作用。

4. 精、气、神学说

精、气、神被称为人身的“三宝”，是人体生命活动的根本，也是人体生死存亡的根本，他们之间互为其根，也可以相互转变。进行传统运动养生即在于固养自身的精、气、神。

精、气、神三者之间相互联系、相互滋生。精为生命的物质基础；气是营养生命的动力，又是信息的载体；神是主导、统帅。精充气则足，气足神则旺；精亏气则虚，气虚则神衰。而中国传统运动养生的静功对于固养精、气、神具有十分有效的作用。

5. 性命学说

性命是形神双修的基础。性，是指人的精神意识；命，指人体的机能活动。性与命二者相辅相成，共同构成了人体的生命。性命学说阐述了形神合一、神气合一、心身一体的生命整体观，对运动养生功法实践有重要的指导意义。

性功注重对心理活动的调控，特别是意识的锻炼和控制，重在精神；命功是对生理机能，特别是体液的锻炼和调节，重在形体。性命双修思想建筑于形神统一、身心一体的生命观上。因此，采用性命双修应该以静功练习为主要手段，达到身心兼练。

6. 气血津液学说

气血津液来源于水谷精微，是腑脏正常生理活动的产物。气血津液受脏腑支配，同时又是人体生命活动的物质基础，它们之间互为消长，互相促进。其中气能生津、摄津、生血、行血，而血为气田；津液，是人体内一切正常水液的总称，包括腑脏组织、器官的内在体液及其正常的分泌物，它与气血有着密切关系。

气血津液是中国传统运动养生的重要理论，同时也是许多养生功法的基础理论，在练功过程中，通过对气血津液的调理、充实，使气血和畅，经脉流通，津液增多，从而达到强身健体、祛病延年的目的。

7.脏象学说

脏象学说是中国传统运动养生的基础理论，它是研究人体各脏腑器官的生理功能、病理变化及其相互联系的学说。古人依据五脏主藏而不泄的理论，创编了许多以养五脏为主的运动功法，如“五脏修养法”等。

五脏六腑主精神意识和思维活动，主气血运行，主纳天地之精气，吐脏腑之浊气，主肾的精气藏存，疏泄气机。通过导引等功法的练习，可使人心气旺盛，心情舒畅，食欲增强，确保人体脏腑功能系统的平衡协调，保障生命的正常活动。

与此同时，古人在实践生活中又积累了丰富的养生思想和养生哲学。先后提出了“重人贵生”“天人合一”“天人相应”“我命在我”“年寿可变”“养生有道”等一系列养生哲学思想，为传统养生的发展奠定了较完整的理论基础。

第二节　魏晋十六国诸家的养生术

魏晋十六国时，葛洪、陶弘景、寇谦之、陆修静等道教的理论家，建立了神学体系、修行炼丹的方法、教团的戒律规矩，道教的理论与组织，有效地推动了养生术的发展。

一、葛洪与《抱朴子》

葛洪（284—364），字稚川，自号抱朴子，东晋道教理论家，也是医学家和金丹教的代表人物。葛洪出身于贵族世家，所著《抱朴子》包括内篇二十篇，外篇五十篇。他自叙说：“其《内篇》言神仙方药、鬼怪变化，养生延年、禳邪却祸之事，属道家，其《外篇》言人间得失、世事臧（善）否（恶），属儒家。”

▲葛洪

葛洪《抱朴子内篇》中的《仙药》卷论本草药物，《极言》卷强调人们应该养生保健，增强体质和抵抗风寒暑湿的能力，都说明了葛洪在医学、药学及养生学上有一定的创获。

依葛洪的思想，修身主要是在精神方面的修炼。葛洪的道教理论宗旨是修身，炼丹而达到长生不死，他宣扬“仁爱清静，积而修习、渐致长生，自然神化，或白日登山，于体合道”。讲求“修身炼药、学长生之术”。《抱朴子》中对气功也有论述，他指出：“服药虽为长生之本，若能兼行

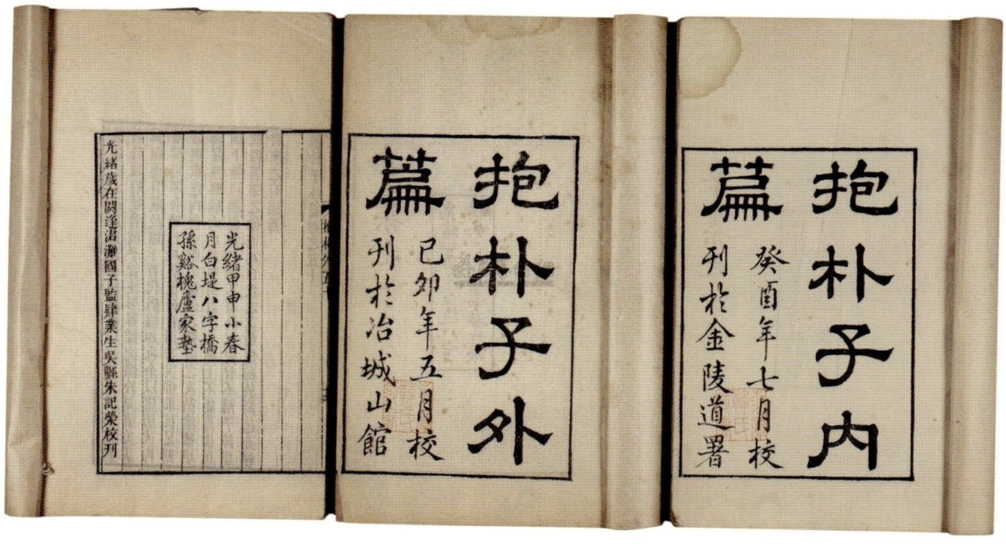

▶葛洪《抱朴子篇》

气者，其益甚速，若不能得药，但行气而尽其理者，亦得数百岁。夫人在气中，气在人中，自天地至于万物，无不赖气以生者也。善行气者，内以兼身，外以却病恶，养生之尽理者，行气不懈，本月夕导引以宣动荣卫……可以不病。”他举出“或屈身、或仰卧、或倚立，或踯躅，或徐步、或吟、或息”等多种练功方法。

二、嵇康的养生观

嵇康（224—263）字叔夜，谯郡铚县人（今安徽宿县西南人）。是魏晋时期著名的思想家、文学家，中散大夫。“竹林七贤”之一，玄学的代表人物。他崇尚老庄，“常修养性服食之事”，后为司马昭所杀。著有《嵇中散集》十五卷，今存七卷。他继承道家养生论的学说，所著《养生论》，提出：“呼吸吐纳，服食养生，使形神相亲，表里俱济。”说明气功导引术和服食金丹，可以使形体和精神表里一致，健康发展。

那么如何养生呢？嵇康认为：“善养生者，则不然也。清虚静泰，少私寡欲，知名位之伤德，故忽而不营，非欲而强禁也。识厚味之害性，故弃而弗顾，非贪而后抑也。外物以累心不存、神气以醇泊独著。旷然蒸以灵芝，润以醴泉，唏以朝阳，绥以五统，无为自得，体妙心玄。忘欢而后乐足，遗生而后身存。若此以往，庶可与羡门比寿，王乔争年，何为其无有哉！”依这段话，养生者，首先做到虚静，去除一切私欲，才会无忧无虑，还要守之以和，然后配以营养，即调养，在阳光明媚时去散散步，无事弹弹琴，自由自得，全身心放松，这样就可以长寿了。

▲嵇康

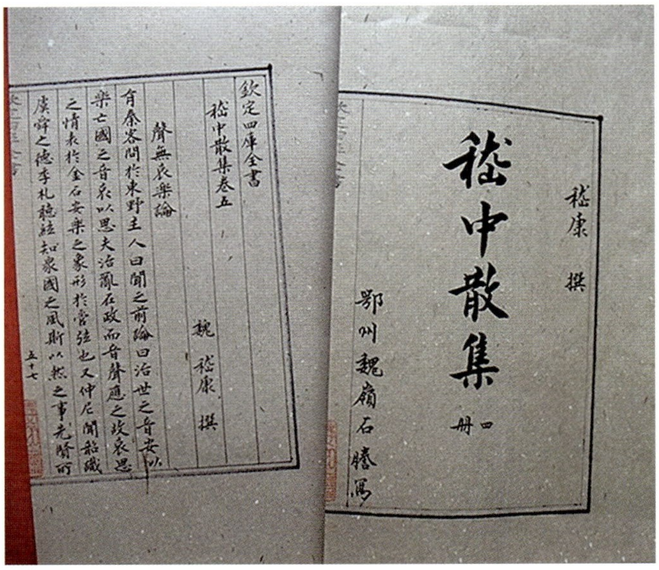

▲嵇康《嵇中散集》

三、陶弘景

南朝梁人陶弘景（456—536）、丹阳秣陵（今江苏南京人）人，字通明，自号华阳隐居，人称华阳真人。自幼好神仙术，曾在南齐做官，后辞官隐居修道。著《本草经集注》和《药总诀》，丰富了医药的内容，对于以后的医生用药有很大的帮助。他师承葛洪，推崇道家养生术，尤长导引行气，撰写了《养生延命录》和《导引养生图》，辑录了“上自农黄以来，下及魏晋之际”的导引养生理论及方法，是对道家养生理论的经验总结，提出“吹”“呼”“嘘”“呵”“唏”“呬”六种吐气法，吹以去热，呵以去风，唏以去解，嘘以散滞，呬以解极，呵以下气，使古代导引养生术在文字解释上推进了一步。

▲陶弘景

▲陶弘景《养生延命录》

四、颜子推的养生法则

颜子推（531—595），字介。其家世传《周宫》《左氏》之学，早承家业，博览群书。梁元帝时，官至散骑常侍。梁亡后，奔北齐，为黄门侍郎。北齐亡后入周，为御史上士。隋文帝时，太子召为学士。

《颜氏家训》记录了他生平的学问与见解，后人以为家教规范、流传极广。颜子推的养生之道主要有：他首先提出“人身难得”，所以要注意保护。他认为“夫养生者先须虑祸，全身保”。《归心篇》说：“有此生然养之，勿徒养其无生也。”《养生篇》也大谈此理论。依颜子推的思想，养生者首先要考虑哪些是祸事，要尽量避开，要注意保全性命为上。保全性命才可养生，如果连性命都保不住，养生就是徒劳之事。

颜子推的养生理论与实践。颜子推对于养生基本上是持肯定态度的，对运动养生他也亲自实践。《颜氏家训》中论及“投壶”“射御”“围棋”等多种体育活动。他在《杂艺篇》中说：“弹棋亦近世雅戏，消愁释愦，性可为之。”又说：“然则圣人不用博弈为教，但以学者不可常精，有时疲倦，则倘为之，犹胜饱食昏睡，兀然端坐耳。”说明颜子推对体育活动是赞成的，并有正确的认识。

◀颜之推《颜氏家训》

五、范缜的《神灭论》

范缜（450—515），字子真，南朝齐、梁时期舞阴（今河南泌阳县西北）人，是我国历史上杰出的无神论者和唯物主义者。

在封建统治阶级大力提倡下，佛教在魏晋南北朝时期日益盛行，有了巨大的发展。佛教所宣传的“人死精神不灭”“神不灭论”的唯心论也广泛传布。范缜著《神灭论》，与佛教的唯心论进行了坚决的斗争。

第三节　魏晋十六国的休闲养生

休闲的意义主要不在“心无羁绊”，《说文解字》释“休”为“人依木而歇”，又述：“闲，阑也。”但更多时候，“闲”还是作“闲暇”解释的。休闲是伴随人类生命而产生的文化现象，是衡量一个社会发展程度的标尺。休闲是人类体现自主精神和审美旨趣的活动。

养生是休闲的本质之一，它是一种人们通过娱乐与体育锻炼的手段，达到蓄养精、气、神，解脱精神压力、宣泄烦恼、排遣消极情绪为目的的社会现象。休闲养生以其独特的魅力吸引人们参与，从而获得一种生理和心理上的满足，获得一种享受、放松和美的感受，达到增强体质、促进健康、延年益寿、缓解疲劳、调节心态、陶冶情操、满足精神追求、培养高尚品格、激发生活热情及享受人生乐趣等功效。

休闲，作为人类的一种参与、欣赏、愉悦、养生的生活方式，自人类社会形成以来就已存在，并且历经数千年的发展，形成了一种颇具特色的文化形态。中国古人的休闲生活方式，随着时代的变迁、经济的发展和文化的进步而日益丰富。

我们可以从中国历史进程中出现的岩画、甲骨文、陶器、秦汉简牍、帛绢、汉魏墓葬壁画、石窟壁画、雕塑、古人书画、诗词、瓷器以及文献典籍中了解到古人对休闲的体验、理解与思考。散见于考古出土文物中的休闲记载和图像，真实形象地反映了古人的休闲思想和实践，它完全是在中国自己的本土文化传统中形成的，有着区别于西方休闲方式及文化的独特而深邃之处。

自原始社会伊始，我们的先祖就有了载歌载舞、狩猎、习武等习俗。如在云南、内蒙古、甘肃、宁夏、青海、新疆等地区，能从斑驳陆离的巨石岩壁画上看到张弓待发的狩猎场面，手持长矛盾牌的习武操练，欢庆劳动丰收的舞蹈场景，宗教祭祀的娱乐活动和先民的骑木而行（滑雪）等。此外，这些岩画表现出一种相对专门化的身体活动形式，兼有劳动与休闲的特征。

陶器是人类智慧的结晶。自 20 世纪 70 年代以来，在陕西、甘肃、青海、新疆等地出土的一大批彩陶中，发现许多与休闲相关的彩陶图案。如青海省大通县上孙家遗址出土了一件舞蹈纹彩陶盆，它属于新石器时代马家窑文化类型，距今约 5000 年。在盆内壁绘有先民连臂作舞的画面，舞者的服饰与动作整齐协调，舞姿活泼欢快，具有舞蹈的律动美，表现了原始社会先民的休闲活动形式。

先秦时期，先民们就已经在其文学作品中表现出丰富的休闲思想及休闲的追求。现代汉语中的“休闲”一词，在先秦汉语中，是分为“休”和“闲”两个词，但其基本含义是相通的。“休”不仅具有不再从事劳作以休养身心的意义，还包括在空闲时间里人们主动开展自我发展、自我欣赏的活动，也反映了人与自然相和谐的观念，如岁时节庆、赛社等活动。从这些丰富多彩的活动形式中，人们能够以自主的方式调节体力、修身养性，提高了休闲活动的文化内涵。“闲”在先秦汉语中主要是指行为规范的概念，教导人们如何过一种符合规范的生活。如将“休”和“闲”联系起来构成“休闲”，那么其表述的含义是美好的生活应当遵循的规范。

先秦时期开始，体育也深受儒家礼乐文化的影响。如狩猎由生产劳动逐渐向射礼、游艺、竞技转化，将礼乐教化、休闲娱乐、体育比赛完美地融为一体。最为典型的是春秋时期，每年的春、秋两季，中原地区各乡都要举办一种称为“乡射礼”的体育比赛。

先秦时期的角抵戏不仅是一种古代的游艺活动，也是一种民众的休闲运动形式。到了汉代，角抵在“两两相当，角力、角技”的基础上融入舞蹈、杂技、幻术等元素，从而形成一种综合歌舞、扮演、游艺、体育等为一体的角抵戏。它包括倒立、柔术、逆行连倒、跳丸剑、耍坛、马术、扛鼎、顶竿、走索、冲狭燕濯（钻圈）、斗兽等。秦汉时期，角抵的兴盛以及全民参与的特点，充分显示出当时人们旺盛的生命力和对休闲娱乐的追求。

秦汉时期，养生已成为一种体育休闲的门类，并在长期的实践中形成了完整的体系，即以引伸肢体为主的导引术、以呼吸锻炼为主的行气术和以舒经活络为主的按摩术，这也成为具有中国特色的体育休闲方式的重要内容。

魏晋时期的隐逸玄游是一种回归自我的“内游”“内修”和“宁静”方式，是一种内向性的神秘体验。当时的“神游”“玄游”“酒游”“仙游”“山水游”等均是文人墨客的风尚，并列为日常生活中的休闲。如陶渊明就是隐逸文化的代表人物。他 41 岁便辞官归隐，过起了自由闲适的田园生活。他著有《归去来兮辞》《饮酒》等诗词，以及《桃花源记》等散文，表达了自己对自由自在的隐居生活的由衷赞美与向往。尤其是陶渊明的“采菊东篱下，悠然见南山。山气日夕佳，飞鸟相与还”等诗文，寄情于景，借景抒情，形象地反映出魏晋时期士大夫的早期休闲生活形态。

以思维与智慧为特征的棋类活动，如围棋、象棋、六博、双陆、弹棋等棋弈游戏，作为一种休闲娱乐形式在中国也有着悠久的历史，成为人们闲暇时休闲活动的重要内容。由于棋弈活动作为一种休闲方式，比较适合中国儒家文化的习性，因而在各个阶层中颇为流行，甚至成为文人雅士和仕女们所喜爱的一种充满妙趣的智力竞技形式。其他，诸如踏青、踏歌、投壶、藏钩、垂钓、驰骋、舞蹈、书法、琴瑟、品茶、养花、斗草、宴饮等，不仅给人带来了精神的愉悦，而且也使生命得以感悟和升华。在获得畅快、愉悦的心理体验的同时，感知生命的自由和美好，也可以说是“休闲”的最高境界。

第五章

丝绸之路上的胡风对河西魏晋人的影响

在中国历史上，魏晋南北朝作为一个将近四百年的分裂期，是空前绝后的。造成这种局面的一个重要原因是当汉帝国崩溃，新的社会及其文化正在摸索创建之际，发生了大规模的边疆民族入居中原的情况，打断了重构社会的进程，带来了前所未有的矛盾与冲突，当然也带来了形态各异的多民族文化因素。数百年间的胡族统治，对中原社会产生的影响极其深刻而广泛。对魏晋南北朝社会生活史的研究表明，该时期胡化的程度相当高。胡饼、胡床、胡几、胡琴、胡戏、胡骑……衣食住行的方方面面，都可以找到胡族习俗的影响。

第一节 魏晋时期的五胡十六国

所谓的“五胡”，就有匈奴、羯、羌、氐和鲜卑，这还是其大者，此外少数民族还有许多。因此，所谓的胡化，涵盖面很广，因素很多，不能一概而论。

还需引起注意的，是这些胡族基本上属于游牧民族，他们不仅带来自身的生活习俗，更由于游牧民族活动区域的广阔，以及从事商贸活动而来往于东西之间，所以还携带部分其他文明的因素。

以往的学者颇以为胡族文化粗犷，尚不能与汉族文化比肩。这种见解，并不全面。在某些领域，胡族的文化水准，令人刮目相看。以后来的隋朝为例，在中央六部尚书中，胡人所占比例最高者，并不是兵部，而是工部，高达 57%。[①]实际上，从这一时期乃至隋唐时代，著名的工程设计者，多为胡族出身。这说明，在建筑工程方面，胡人具有很高的水平。再从音乐舞蹈方面的事例可以看到丝绸之路上九姓胡的音乐对当时乃至后来影响极大。而由胡人传来的羯鼓、琵琶、胡琴等已在中原一带广泛流行，极大地改变了传统音乐的面貌。除音乐之外，与体育相关的胡骑、胡射、筋斗、双陆、杂技、幻术等也由中亚一带的胡人传入中国，丰富了中国魏晋时期体育的发展。

随着胡族统治逐渐稳固，民族压迫的政策逐渐被民族融合的趋势所改变，于是出现了文化融合的现象，典型的情况是北魏孝文帝推行的“汉化”改革。需要强调的是“汉化”并不是“用夏变夷”的文化大转换，而是以“汉化”之名进行的文化整合，固然整合的基调是采用文明程度较高的汉文化，但在许多方面吸收了胡族文化的养分。

这时也出现了区域文化的发生与融合。西晋王朝的灭亡，造成中原人口的大迁徙。流民的去向大致有三：第一是大规模向南方移动，数量以百万计。第二是向东北地区转移，大量的士人托庇于鲜卑慕容氏，帮助燕国强盛起来。第三是向西北地区迁徙，特别是在凉州一带建立起汉人政权，造就西北河西地区文化的进步和发展。表现在民族文化、外来文化、区域文化和私家学术，形态不同，异彩纷呈。魏晋十六国时代，各种文化并存，相互竞争、渗透乃至融合，在隋唐时期先后崛起的各民族在当时不断壮大并与各种文化涌入，形成文化的多元发展。该时期文化的另一个特点就在于其开放性。广泛接受各种外来文化，使得中国社会的生活方式与精神风貌都发生了深刻的变化。最重要的是，文化与民族的融合，彻底改变了华夷区别的标准，胡汉之分不依据血统种族，而基于文

---

① 韩昇. 隋文帝传[M]. 北京：人民出版社，1998：262-267.

化的高下。这种情况，是使中华民族日益壮大兴盛不衰的一大要因。

文化的开放，促进文化的融合。从而形成了对各种文化兼收并蓄的宽广胸怀。这种包容，表现在吸收四面八方的养分，哺育出似锦繁花，是文化创新及其持久活力的渊源。

永嘉五年（311 年），匈奴部将石勒统率的骑兵在苦县（今河南省鹿邑东）聚歼西晋主力，随后，刘曜攻破洛阳，俘虏晋怀帝，焚烧洛阳，这就是历史上有名的“永嘉之乱”。经此一役，西晋王朝已经名存实亡。五年之后，也就是建兴四年，遭受匈奴刘曜长期围困的长安城陷落，晋愍帝出城投降，西晋王朝灭亡。先后有匈奴、羯、鲜卑、氐和羌等五个少数民族建立了十六个国家政权，史称“五胡十六国”，开启了各个民族之间碰撞融合的时代。

从民族斗争与多元文化融合的角度考察，可以将五胡十六国到隋朝统一近三百年的历史，分为三个阶段。第一阶段为五胡十六国时代，民族斗争占据主要地位，胡汉文化冲突也相当激烈。第二阶段为北魏政权时代，尤其以北魏孝文帝“汉化运动”为标志，民族矛盾趋于缓和，文化趋于融合。第三阶段以北周政权为代表，民族与文化的融合真正走向深入，并奠定了隋唐时代兼收并包的恢宏文化的基础。

五胡入据中原时，礼崩乐坏，西晋太常乐工，多避乱逃往河西。北魏拓跋焘平凉州，得其伶人器服。孝文帝时，李冲以及同样出自河西的学者李韶、李彦等人，在此基础上，修订车服及羽汉规定，帮助北魏建立礼乐制度。

河西与关中，距离不远，风尚相近。关陇地方，形成自己的文化特色。北魏分裂之后，宇文泰立足关陇，以当地文化传统为号召，独树一帜，与东边的高欢政权相对抗。在西魏、北周政权建立过程中，其制度创设，主要依靠来自武功的苏绰，《周书·苏绰传》说：“绰始制文案程式，朱出墨入，及记账、户籍之法……太祖方欲革易时政，务弘强国富民之道，故绰得尽其智能，赞成其事。减官员、置二长，并置屯田以资军国。又为六条诏书，奏施行之。”

北周的基业，后来被隋朝所继承。隋文帝创规立制，奠定了隋唐盛世的基本格局。

第二节 胡汉文化的相互渗透

魏晋十六国时期，大量胡人迁入中原定居下来，各族之间的生活习俗逐渐融合，民族矛盾也随之缓和。当时出现的汉化并不是一个种族优劣、文化高下的问题，而是一个极其深刻的政治与社会问题。经过长期少数民族统治和胡化浸染的中原社会，汉化不可能也不会是简单的复古倒退、恢复汉晋文化制度，它必然包含着扬弃旧文化与吸收新文化要素两个方面。其所要达到的目标不仅是要解决民族与文化的融合问题，而且是要形成新的文化认同与民族心理，重新整合分裂的社会。

在民族融合的过程中，文化的无形力量及其作用，远远超过政治、军事的强制。对胡人来说，接受汉族礼俗，是中原社会实现民族整合的关键。陈寅恪先生在《隋唐制度渊源略论稿》中评价河西文化时说："惟此偏隅之地，保存汉代中原之文化学术，经历东汉末、西晋之大乱及北朝扰攘之长期，能不失坠，卒能辗转灌输，加入隋唐统一混合之文化，蔚然为独立之一源，继前启后，实吾国文化史之一大业。"

从汉族的角度来看，胡俗的大量吸收，也相当显著，衣食住行，都有反映。上衣下裤的胡服，兴起于十六国，盛于北朝，且由北往南推广流行；民间日常食用的芝麻烧饼，实为"胡饼"，也由胡族传入，而流行于隋唐之时；汉族原为跪坐，胡人传来"胡床"，汉族亦改为"胡坐"，发展出后来的椅子；至于出门骑马之风，更为盛行。[①]故宋顾文荐《负喧杂录》[②]说，汉魏晋时皆冠服，未尝有袍、笏、帽、带。自五胡乱华，夷狄杂处，至元魏时，始有袍、帽，盖胡服也。唐世亦自北而南，所以袭其服制。衣冠礼俗的相互吸取，使得各族日益趋于同化。

在制度文化层面，是汉制的逐步采纳与推广。秦汉帝国取得的一大成就，便是发展并建立起一整套管理民族众多、文化差异巨大、地域广袤且内部千差万别的国家行政制度，以及指导这种政治体制的意识形态。和草原游牧民族较为原始的管理体制相比，汉族的制度文明要复杂且先进得多。只要想统治中国，就必须继承这种统治制度及其经验。因此，虽然胡族建立的政权采用胡汉分治来进行管理，但是，随着胡族的大量迁入定居并引起自身社会形态的转变，向汉制靠拢成为治理国家的必然选择，由双轨制逐步过渡到单轨制，这是不以人的意志为转移的进程。

第一个建立胡族政权的匈奴人刘渊，就采用大司马、大司徒、大司空及尚书的

---

① 吕一飞. 胡族习俗与隋唐风韵——魏晋北朝北方少数民族社会风俗及其对隋唐的影响[M]. 北京：书目文献出版社，1994.

② 陶宗仪等. 说郛三种：十八卷[M]. 上海：上海古籍出版社，1988.

汉制，以后频繁更替的胡族政权，其朝廷机构也都采用汉制。北魏崛起之初，制度简陋，到第十二代什翼犍在位的第二年（339年），“始置百官，分掌众职”①，主动模仿晋朝制度。拓跋珪重建魏国，在清河大族崔宏的辅佐下，“皇始元年（396年）始建曹省，备置百官，封拜五等。外职则刺史、太守、令、长以下。有未备者，随而置之”。翌年，“分尚书三十六曹”“初令五经诸书，各置博士，国子学生员三十人”。一望可知，这些都是汉制。而拓跋部本身的八部大人，也模仿汉人官制的八座，称为八国。国立大师、小师，郡也立师，辨宗党，举人才，选举制度也采用魏晋的九品中正制。孝文帝汉化改革时，进一步将胡族制度残余革除，纯然采用魏晋制度。

汉制的逐步采用、推广，与胡族定居农业化，从不同的层面推进民族与文化的大融合，为隋唐盛世的形成打下深厚的根基。

尤其是孝文帝力推的汉化运动，在政治、经济、法制、文化和社会习俗等多个层次上广泛进行，涉及面较广，目的在于保全胡汉民族从血缘到文化高度融合，肯定胡族在中原社会享有崇高地位，消除汉族对胡人的文化歧视，以求国家政权的长治久安。

魏孝文帝以汉制来全面提升胡族的社会文化地位，他所采取的一系列措施具有根本意义。推行以夏变夷的政策，使得传统文化受到尊崇，恢复了往日的正统地位。这种情况的出现，是胡族统治中原近二百年以来，由于政权稳固、统治经验丰富、胡族社会转型而日趋成熟，以及胡汉融合而造成的结果。通过恢复传统文化来达到社会的进步与民族、文化的大融合。北方社会多种因素、多元文化的大融合，在深度和广度上都是南方所不具备的，其活力的根源在于高度的包容性与开放性，故终能融合南方文明，形成统一的中华文化。

胡汉之间从对抗到相容，从各取所需到水乳交融，从五胡十六国到盛唐，数百年间，中国经历了漫长的多元文化融合的历程，各族文化交融的进程势不可当，最终形成新一代文化景观。该时期文化成就中最重要的是铸就兼收并蓄的博大而开放的文化精神，只有在这种精神之下，才有可能出现唐代以汉文化为主体、各民族多元文化百花齐开、交相辉映的繁荣局面。

---

① 魏书：卷一：序纪[M].

第三节 胡汉体育文化的传播与交流

魏晋南北朝时期中外文化交流的陆上通道主要是汉代形成的丝绸之路。起自长安，经由河西走廊，至吐鲁番一带分为南北两支，再通往中亚、南亚、西亚、欧洲等地。这条道路虽然随着政治、地理环境的变化而时有变迁，但在整个汉魏时期都是中国与境外交流的主要通道，沿途发现了大量中原人的活动踪迹，所经各地的商人和僧侣也为中原地区带来了浓郁的异域风情。

丝绸之路的文化交流内容十分广泛，东汉时期已有大量中亚商人到达河西走廊的敦煌地区，“商胡贩客，时见于塞下”，[①]塞下即敦煌玉门关、阳关。中亚胡商带来的异域文化首先成为汉魏时期社会上层人士追求的对象，东汉末年灵帝“好胡服、胡帐、胡床、胡坐、胡饭、胡空侯、胡笛、胡舞，京都贵戚皆竞为之”。[②]西晋灭亡后的中原地区天下大乱，大量世家大族和士人迁往河西走廊避难，这些寓居河西的中原大族在很大程度上奠定了魏晋河西文化繁荣的基础。

经由河西走廊的丝绸之路上胡商群体最活跃的当属中亚粟特人，他们是中国史籍中被称作“昭武九姓”的胡人，居住于中亚阿姆河和锡尔河之间的粟特地区，以撒马尔干（在今乌兹别克斯坦）为中心。来到中国的粟特人大多以经商为业，其中许多人逐渐在经商之地留居下来，丝绸之路沿线的于阗、楼兰、龟兹（库车）、高昌（吐鲁番）、敦煌、酒泉、张掖、武威和长安、洛阳等地都留下粟特人的足迹，他们的物质文化遗存已越来越多地见于考古发现。

从文献记载来看，古代域外诸国的胡人，大多以地理位置界定称谓。如“北胡”通常用以指称活动在中原以北地区的游牧民族，如匈奴、突厥、回纥、蒙古族等；“东胡”一般指称原居地在今中国东三省地区的民族，如鲜卑、契丹、女真等；“西胡”的指称范围很大，凡是被认为源自“西域”的居民，均可被称为“西胡”。当然，构成“西胡”的主要成分是西亚的波斯人和中亚的粟特人。尽管似乎没有“南胡”的专称，但是对于南方的域外（尤其是海上）民族，古文献中也有大量的记载，如“昆仑奴”之类，是这些居民的专称之一。

胡风在北朝隋唐的盛行，表明胡人已成为中原社会一个影响巨大的群体，他们不但促进了中西商业贸易的繁荣，也加强了中外文化交流与融合。

在南北朝对峙时期，南方六朝与外界

---

① 后汉书：卷八八：西域传[M]. 北京：中华书局，1965：2931.

② 后汉书：卷一百三：志第十三：五行志一[M]. 北京：中华书局，1965：3272.

同样存在着活跃的文化交流，只不过交流的途径与内容与北朝有所差异，南方主要通过海路与域外进行文化交流，佛经的南传即为六朝对外文化交流之重要内容。在武昌、南京一带的墓葬里发现的珍稀玻璃制品可能就是经由海路传入的，其传播路线是由波斯经由东南亚诸国，到达胶州、广州等港口，然后经长江等内河传入南京、武昌等地。

虽然南方胡人的活动不如北方活跃，也未发现如安伽墓、史君墓、虞弘墓、康业墓等直接的胡人遗存，但带有浓郁胡风的玻璃器、金银器等珍稀舶来品仍为我们展现出生动的海上文化交流图景。

同样地，中国的物质、精神文明之外传，也促使域外的胡人社会发生了巨大的变化，如丝绸外销便是一例。在千百年的交流中，既有大量的胡文化输入中国，也有大量汉文化传播至域外，同时还有成千上万的胡人与汉人混杂相居，乃至通婚混血，致使你中有我、我中有你，胡汉终于成为一家。这类现象自古迄今始终存在，只是在不同时段，程度有所不同罢了。于是，胡人以及中外交流便成了古代中华文明发展进程中不可或缺的重要因素之一。

陆上丝绸之路的开通，致使与域外诸国的交往越来越频繁，来往于丝绸之路的各国使节、商人、僧侣、旅行者等各类人群络绎不绝，文化的互动促进了中国对域外诸国的了解。当时在丝绸之路存在着南亚文明、中亚文明、西亚文明，并出现了萨珊波斯和阿拉伯大食帝国，以及拜占庭帝国。此外，还有不少部族和国家，如欧亚大草原的突厥，东亚的高句丽、百济、新罗、日本等，南亚的狮子国、林邑、扶南、真腊、骠国、尼婆罗等，中亚的昭武九姓国、吐火罗等，西亚的拂菻、大夏、大秦等。这一时期，主要通过派遣使节以及贸易商人、求法僧人、旅行者等担负起文化的互动和交流。由此体育也同样得到了传播、交流和发展。

一、训象

汉魏以来的驯象活动基本上来自域外，尤其是东南亚诸国伴随着中外文化交流进献驯象于宫庭。元狩二年（公元前 121 年）夏，“南越献驯象”[①]，应劭曰：“驯者，教能拜起周章，从人意也。魏晋十六国时，驯象除用作舞家表演之外，还经常用于战争和外交，被用作百戏表演。”[②]在北朝，从北魏到北齐，域外传来的驯象也都作为百戏表演的内容之一。除文献记载之外，出土文物和石窟壁画也都有形象的驯象表演图像资料。驯象的输入，从一个侧面反映了魏晋时期中外文明互动共生的发展情况。

二、驯鹰

驯鹰和鹰猎是汉唐时期画家选择的表现题材，同时也是赋、诗、词中经常描写

① 汉书：卷六：武帝纪[M]. 北京：中华书局，1962：3928.
② (唐)杜佑. 通典：卷一四六：乐六·散乐[M]. 北京：中华书局，1988：3727.

的对象。

驯鹰与鹰猎两千余年来，不仅在中国一直盛行，而且丝绸之路诸国也十分喜爱养鹰和驯鹰，如在阿拉伯国家至今仍有鹰的集市和专门的商店。2011 年，柯尔克孜族驯鹰习俗列入国家级非物质文化遗产名录。

公元前 3 世纪以来，放鹰打猎就已经成为中国北方人的一种习俗。据说，当李斯丞相将要被处死时，就曾经谈到过他所珍爱的一只灰色的苍鹰。自那以后，驯鹰狩猎在中国北方盛行不衰，5 世纪、6 世纪时，在“胡人”统治着的中国西北部地区，汉文化深深地渗入了北方草原和森林地区的风俗之中，放鹰走狗也更加普遍，6 世纪的北齐更是如此。当时除鹰之外，还有鹞、鹘、雕等。

鹞，是一种体形小的断翅鹰，人们喜欢用它猎取鹌鹑和其他一些生活在树木繁茂地区的小鸟。同时还有最常见的苍鹰，苍鹰的眼睛是黄色的，身材较大，而且像鹞一样是森林中的猎手，主要捕捉雉、兔等传统的猎物。另一种从东北地区传来的白色的苍鹰，是价格最昂贵的苍鹰。

▲鹰猎　彩绘砖画　甘肃嘉峪关魏晋 5 号墓

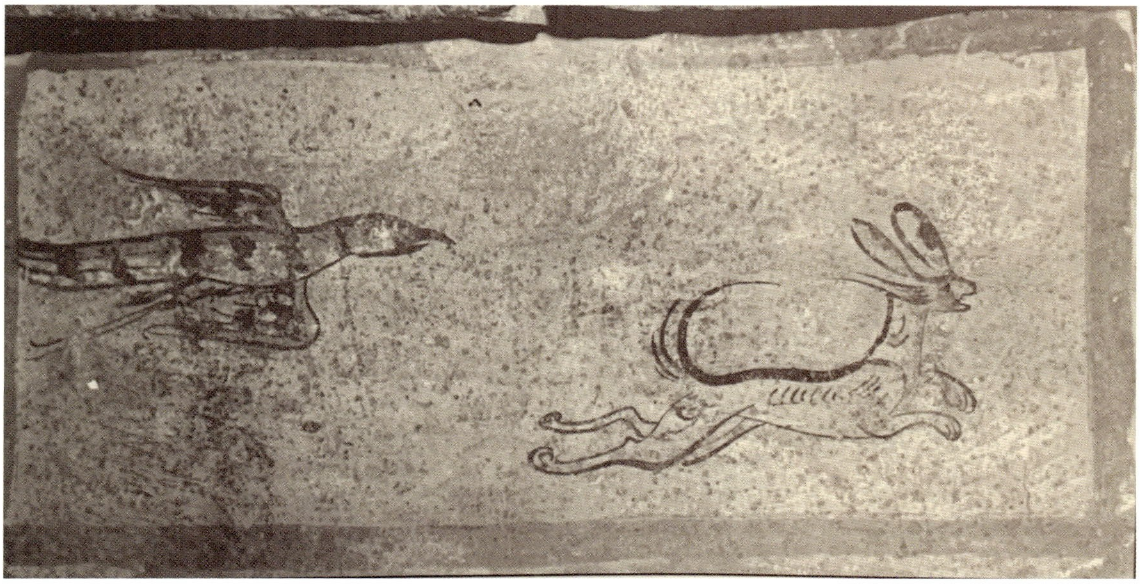

▲鹰追兔　甘肃嘉峪关魏晋 13 号墓

◄鹰猎架鹰　彩绘砖画
甘肃清水县白沙乡箭峡墓出土　甘肃清水县博物馆藏

◄鹰猎　甘肃敦煌莫高窟第61窟壁画　南壁　五代

鹰猎一般都来自我国西北、东北的边塞地区，汉魏时期，大量驯鹰人聚居河西一带，专门以鹰猎为生，这在河西出土的魏晋墓葬壁画中有所印证。当时的朝鲜半岛、蒙古等地也产优良的鹰、鹘，并作为贡品进献给汉唐历代的宫廷皇室。

汉唐时期，中国人就已经掌握了捕捉和训练鹰的技艺，在幼鹰移栖时，他们利用鸽子来进行侦查，然后使用囮子和精致的猎网捕捉幼鹰。为了使猎网的颜色与土地的颜色一致，他们在网上涂染上了黄檗和杼汁——这种汁液还具有防止蠹虫的功效。而对付更容易驯服的雏鹰，办法就简单多了——只要将尚未离巢的雏鹰从他们栖息的杨树或栎树上的鹰巢中捉出来即可。不管是幼鹰还是雏鹰，都要被装上玉、金或者其他雕镂金属做成的尾铃，而鹞子则佩戴着刺绣的项圈。所有猎禽都配有皮革、青丝或“云锦”的脚带，带有玉旋轴的皮带、镀金的栖木以及雕绘而成的鹰笼。

三、豹猎与猞猁猎

在中国古代的象征传统中，豹扮演了一个很重要的角色。在古代，它是勇士和尚武贵族的象征，所以在一种仪式化的射箭比赛中，豹的形象被画在专门供贵族射击的箭靶上。豹在古代一直是用于狩猎的动物。尤其是用来猎取羚羊的豹，需要花费很长的时间来驯化和训练。似乎苏美尔人就曾经使用过猎豹，而勇敢的赫梯人甚至驯化了真正的黑豹，并将其用于狩猎。埃及第十八、十九王朝的艺术作品中出现过戴着昂贵的项圈的猎豹，印度、波斯、亚美尼亚、埃塞俄比亚都曾经使用过猎豹，17 世纪时在德国，18 世纪时在法国也曾使用猎豹，而蒙古可汗在大型狩猎活动中甚至使用过上千头猎豹。猎豹的使用在西亚和南亚十分盛行，而唐代由域外传入中国的主要是勇猛的猎豹。

自汉唐以来，从外国传来的比较驯服的豹大都是由西域地区贡献的，而进贡的时间也多在 6 世纪、7 世纪初，豹来自南天竺、米国（西域古国，为“昭武九姓”之一）、史国（西域古国，为“昭武九姓”之一）、珂咄罗国（珂咄罗国所出产的是赤豹），此外还有安国（西域古国，为“昭武九姓”之一）、康国（西域古国，为“昭武九姓”之一）、波斯以及大食国。

猞猁同样出自西亚、北美地区。猞猁双耳直竖，耳尖各长一撮黑毛，其体格小于豹，但十分凶猛，它的跳跃能力极强，向上跃起可高达 9 米以上，远度达 18 米。由于它的蹿跳能力极强，故能捕捉到雁、鹤、鸨等飞禽。因此，猞猁也是西亚人通过训练而用于狩猎。

以上所述的豹猎与猞猁猎在文献和墓葬壁画中都有真实的反映。

狩猎过程中人马、猎物在特定的文化圈中发生约定的关系。当猎者捕获猎物所流露出成功的喜悦，并产生了想把由于狩猎时驰马追逐猎物所用的力气和技术所引起的快乐再度体验一番的冲动，猎者想再度体现狩猎劳动的技能及动态，于是，萌发了骑在马上的游戏。而这种游戏性的心理广泛存在于游牧之中，并成为未来马术活动的沉积因素。

四、狮子的传播

在中国的广大地区，有各种各样的狮子演艺。狮子演艺来自狮子崇拜。但所谓的狮子辟邪驱鬼的说法，以及在住宅门口立一对石狮子守卫的做法，在中国历史上还是兴起较晚的。周代时，人的家门口皆画虎作辟邪守护之用，汉代的墓前立的也是白虎石雕。《风俗通》云："虎者阳物，百兽之长也，能噬食鬼魅，今人卒得病，烧皮饮之，系其衣服亦邪。"而狮子则是后来从中亚、南亚传入的。

随着狮子从西域进贡次数的增加，"驯狮郎"也押运狮子到皇宫禁苑，表演驯狮舞蹈。明代田艺蘅《留青日札》卷二九中有"西夷贡狮子"的记载：驯兽员一起来华，狮子被铁索缚在桩上，"夷人与之狎习戏舞"。从"狎习戏舞"四字，可以知道是狮舞表演，它完全不同于西方的斗狮表演。当时进行狮子舞表演时，扮舞之人被称为"象人"。《陕西通志》载："杂戏起于秦汉，有鱼龙蔓延，高纽凤凰，象人、怪兽之戏。"《汉书·礼乐志》载："常从象人四人。"三国魏人孟康注："象人，若今戏鱼虾师（狮）子者也。"但从陈旸《乐书》中记载，"象人"源于周代。

从晋到隋，狮舞风俗随着佛教的盛行而普及到民间，据说狮舞是由印度随佛教传入中国，印度民间的赛会里至今仍有舞狮子表演，有关狮子的一切知识都是由印度传来的。就连狮子的名称也是根据大食人读音转译的。到了唐代，狮舞被列入宫廷《太平乐》即"五方狮子舞"，表演者分披青、红、白、黑、黄五色缀毛狮皮，位于东、南、西、北、中五方。五头狮子在头扎红巾、身穿彩衣、手执红拂子的一身西域装束的引狮郎的逗引下"俯仰驯狎"，表现出各种情态，同时，另有一百四十名乐手高唱《太平乐》，边唱边舞，颂大唐兴盛，场面壮观，气势磅礴，呈现出威武与祥瑞之象征。中唐以后，在民间流行《凉州狮子》的表演形式。

狮舞的发展历史悠久。自汉代的"象人"、北魏的"辟邪狮子"、唐代的"五方狮子"和"凉州狮子"、宋代的"狮子戏球"、明代的"滚球狮子卧倒"、清代的"大小狮舞"以及近代发展的"高台狮子""高跷狮子""狮子灯""狮子踩球""罗汉戏狮"等。随着时间的流变，狮舞经历了由西域到中国，由宫廷到民间，由河西到中原，经过代代传承与提炼，逐渐演变为具有多元化特征的传统民俗演艺和丰富的文化内涵的活动，并以长江为界形成了北狮和南狮两大流派。

相传北朝北魏武帝远征甘肃河西，曾俘虏胡人十万余之多。魏武帝把他们囚禁在边荒之地三年。一日，武帝巡察边区，边将设宴，令胡人献舞娱乐。胡人以木雕狮子头戴在脸上，披狮衣，集八音乐，还有武士三十余人，起舞在御前。舞者或作欢腾喜悦，或作低首相怜之状，舞技之高妙，令武帝叹为观止。武帝传胡人，询其所舞，胡人答曰："北魏朝圣，四方臣伏，西凉乐使，同沾皇恩。"武帝听罢大悦，赐名"北魏瑞狮"，并恩令俘虏回国。自此，狮子舞便在北方流传开来，遂有"北狮"之称。唐代诗人白居易的《西凉伎》，就是描写这种北方系的狮子舞。

狮子舞经丝绸之路由南亚、西亚传入中国，并融入中国文化之后创造了别具风格的南北两派狮子舞。不仅在中国一直流传，至今不衰。并被列为我国的非物质文化遗产。每年年节，在世界各地的唐人街，都能看到各种形式的狮舞表演。

五、击鞠

击鞠也称马球，其风行在中国已有近两千年的历史。东汉末年，曹植曾写过一篇《名都篇》，其中载："连翩击鞠壤，巧捷惟万端。"其中"连翩"指的是形容马上"击鞠"的姿态。唐代诗人蔡孚参考当时尚未佚失的汉代文献写成了《打球篇》，诗中对东汉时期洛阳"德阳宫北苑东头"进行马球比赛的场景，作了形象的描绘。而诗中提到的窦融和梁冀两位宦官都酷爱打球，并是马球高手。但仅此来考证马球在东汉存在难免论证力量尚显得单薄。梁宗懔在《荆楚岁时记》中记述了寒食风俗时也提到了"打球"之戏。

2011 年初，笔者闻知北京邮电大学的唱婉和中国文物学会的陈楠二位先生从 20 世纪七八十年代在江苏徐州一带征集收藏了数百方汉代画像石、砖等，其中有不少绘画与体育有关，如御车、舞蹈、百戏、博弈、角抵、马术等。但最令人惊喜的是六块从睢宁巨山汉古墓出土的打马球画像砖。2012 年第 12 期《社会科学战线》刊登了由唱婉、陈楠撰写的《新见东汉打马球画像砖分析》一文。[①]详细阐述了砖画的出处、年代、特征、内容及砖的形状和面积等。画像砖为我们研究我国东汉时期就已存在马球的事实提供了物证。

在 20 世纪初的敦煌藏经洞所发现的文献中，有不少变文的卷子，其中有一篇《捉季布传文》变文卷子，目前共存有十个写本，卷号为：S.1156、S.2056、S.5439、S.5440、S.5441、P.2648、P.2747、P.3197、P.3386、P.3697。《捉季布传文》是据《汉书》卷三十七《季布栾布田叔传第七》编纂的故事。《史记》卷一百中也有记载。变文中有一段描写季布打马球、骑射、舞枪弄剑的身姿和武艺。

所以，《捉季布传文》所描述的西汉大将季布打马球的历史真实性是有一定的依据。另从徐州睢宁巨山出土的六块东汉打马球砖文物，无疑是对马球存在于汉代提供了新的证据。

唐代皇帝打马球的风气一代盛过一代，像唐穆宗、敬宗、宣宗、僖宗、昭宗等也都是马球运动的积极参与者。当时宫廷还专设有"打球供奉"职业马球运动员。唐代宫廷所盛行的马球运动在某种程度上也对马球的成熟与发展产生了影响。

敦煌遗书 S.2049、P.2544《杖前飞·马球》，对当时开展马球活动有生动形象的描述。新疆吐鲁番地区在 20 世纪 70 年代初，在阿斯塔那唐墓中曾出土了打马球俑。并在塔什库尔干塔吉克自治县城北

① 唱婉，陈楠. 新见东汉打马球画像砖分析[J]. 社会科学战线，2012(11)：95.

▲打马球汉砖－1　西安市出土　民间收藏

▲打马球汉砖－2　西安市出土　民间收藏

一千米处，考古发现了“石头城马球场”。

马球在中亚一带的流行和发展，在中国古代的史籍中有不少记载。如中唐时期的杜环在撰写的《经行记》中提到中亚诸国马球流行的状况：“拔汗那国，在怛逻斯南千里……国土有波罗林，林下有毽场。”据向达先生的研究，“拔汗那”即汉代的大宛（今乌兹别克斯坦费尔干纳一带）。又有“末禄国在亚梅国西南七百余里。胡姓末者，兹土人也……有打球节、秋千节”。末禄国在今土库曼斯坦的马雷一带，这里提到的“毽场”与“打球节”显然都反映了该地区马球的流行。向达先生的研究还认为，马球源于波斯，其后西行传至君士坦丁堡，东来传至土耳其。由土耳其传入中国西藏、印度诸地。日本、高丽亦有此戏，则又得自中国者也。

▲击球(原砖 45 厘米 X22.5 厘米 X11.8 厘米） 江苏睢宁 2011 年出土

▲击球(拓片）

▲打马球　汉砖

六、舞蹈的融汇

舞蹈在我国有着悠久的历史。自原始社会就产生了“鸟兽跄跄”“凤凰来仪”“击石拊石，百兽率舞”等反映狩猎生活的舞蹈，同时还创造了“踏舞”“踏歌”，又名“跳歌”“打歌”等群舞形式。据《不列颠百科全书》（第 14 版）记载，踏歌这种古老的舞蹈娱乐形式在古埃及、古巴比伦和古希腊等许多文明古国都曾流行。另外，中国、日本、印度尼西亚、拜占庭也曾流行这种原始质朴的载歌载舞的娱乐习俗。先秦时期又出现了《葛天氏之乐》，即三人操牛尾，投足以歌八阕。随着原始宗教的形成，相继出现了“巫舞”和“傩舞”。之后又出现了“乐舞”“大武”“中舞”“盘鼓舞”等。到了魏晋时期，随着民族的迁徙，中亚、西亚、南亚的舞蹈经丝绸之路传入敦煌和长安等地区，创造了更为丰富多彩的舞蹈，尤其是许多舞蹈都选用了节奏明快的“龟兹曲”伴舞。当时的敦煌壁画中可以看到埃及的肚皮舞和印度舞的风格。公元 581 年，隋朝统一中国，结束了长期战乱的局面。隋朝把南朝、北朝的乐舞都继承、汇集起来，这就使各种不同民族、不同地区的乐舞能更好地互相学习，彼此吸收，共同发展。隋代由于隋炀帝穷奢极欲的享乐生活，对人民无休止地残酷剥削，迫使人民奋起反抗，最终统治短短三十余年就灭亡了。公元 618 年唐朝建立以后，政治局势稳定，经济繁荣，文化交流频繁，为舞蹈的发展创造了有利条件。尤其是许多少数民族及中亚、南亚、西亚的舞蹈逐渐被中原汉族乐舞所吸收融化，形成了丰富多彩的新型唐代舞蹈艺术。如中亚传来的拓枝舞、胡腾舞、胡旋舞，埃及的肚皮舞、印度舞等。

▲伯牙抚琴　彩绘砖画　甘肃敦煌佛爷庙湾西晋墓

▲伯牙抚琴　砖画　甘肃敦煌佛爷庙湾西晋墓

▲子期听琴　彩绘砖画　甘肃敦煌佛爷庙湾魏晋墓

▶乐舞　甘肃河西魏晋墓出土　甘肃嘉峪关魏晋墓砖画博物馆

▲弹琴　彩绘砖画　甘肃酒泉西沟村魏晋墓

◀演奏　甘肃嘉峪关魏晋
砖壁画博物馆收藏

▲乐舞　彩绘砖画　甘肃酒泉丁家闸 5 号墓彩绘砖画　西壁　十六国

▲奏乐　甘肃嘉峪关魏晋 3 号墓　长 36.5 厘米　宽 17.5 厘米

▲乐舞　甘肃酒泉丁家闸十六国墓

▲乐舞　彩绘砖画　甘肃嘉峪关新城魏晋 4 号墓

▲乐舞　彩绘砖画　甘肃嘉峪关新城魏晋 5 号墓

▲奏乐　彩绘砖画　甘肃嘉峪关新城魏晋 6 号墓

▲乐舞　彩绘砖画　长 42 厘米　宽 21 厘米　厚 6.5 厘米　甘肃张掖苦水口墓群
魏晋　现藏甘肃张掖高台县博物馆

▲乐舞　彩绘砖画　甘肃高台地埂坡 4 号墓壁画　魏晋

▲乐舞浮雕　甘肃庄浪县石塔　北魏

▲乐舞　壁画　4世纪　吉林集安高句丽舞俑墓

▲乐舞　高句丽(6 世纪)　高约 40 厘米　宽约 40 厘米　1970 年吉林省吉安市洞沟古墓群长川墓区长 1 号墓出土　原址保存

七、杂技

中国的杂技开始于秦汉时期，如高空走索、攀爬高竿、口吞利刃、游戏车轮、刀锋舞蹈等节目都属于此类。杂技的典型内容之一是绳索之戏，如在两根相距十几米的高大柱子顶端间系上一绳，两个女子在这悬空的绳索上表演各种舞蹈动作，二人擦肩走过而不跌落。

汉魏以来，南亚、中亚、西亚一带除了昭武九姓之外，还有吐火罗、波斯、大食等国，也十分娴熟杂技，域外胡人通过丝绸之路把杂技带入中原一带。如高空弦索、绳技、高空叠椅、跳铃（弄丸）、掷倒技（翻筋斗）、投狭、长跷、都卢寻橦、安息五案等，其中有些是中原所固有，甚至随着文化交流传播至域外。这也意味着在中外文化交流中，杂技的相互传播与影响也是其中的一项重要内容，而这种互动所产生的影响也大大地推进了社会文明的进步。

此外，还有不少汉魏时期经常开展的游戏、娱乐与体育活动，在东南亚一带也很流行。如投壶、双陆、樗蒲、围棋、藏钩、马球、步打球、蹴鞠、秋千、斗鸡、斗草、射礼、竹马、竞渡等，它们都是先后由中国传至朝鲜半岛和日本。

结 语

魏晋南北朝文化结构极其复杂，接连不断的政权更替，民族冲突，文化交杂，很难理出文化发展的清晰脉络。由此，我们通过大量考古发掘的墓葬资料来复原魏晋十六国时期的物质文化发展史，以及魏晋人的生死观与体育观，这无疑是一项非常艰难的任务。既然是《魏晋十六国墓葬体育壁画砖研究》，首先要对这个时期的历史与社会有宏观的把握，同时还要对大量、庞杂的考古材料有着深刻的理解。几年来，我们认真学习了前辈先贤陈寅恪先生、周绍良先生、吕思勉先生等对魏晋南北朝历史的研究成果，意在建立墓葬体育壁画砖发展的时空框架，紧紧把握魏晋十六国时期的文化变迁、生死观与体育观的形成与发展，着重阐述魏晋人体育思想兴盛的背后原因，寻找魏晋墓葬体育壁画砖的演变规律，并结合中国人的生死观、对死后生命去向的关怀来考虑，使魏晋大为兴盛的墓葬体育壁画砖，不光被视为墓葬的一个内容，而是一般人普遍关心的休闲、娱乐、竞技与养生在一个时代的表现，因而具有心态史、思想史、体育史的意义。这使处于战乱时期的魏晋墓葬体育壁画砖也具有相当的学术意义。

生死观也是人类一直面对的问题，不同时期有不同的态度。我们把视角置于整个社会大背景中，认为魏晋十六国时期是将生死问题由春秋战国哲学的理性化转变为宗教层次的理论的时代，人们对死后的奢望更复杂，带有人间烟火的休闲、娱乐、竞技与养生令人仰慕，这一崇尚使生命、死亡和休闲、娱乐、竞技与养生等不再隔开——既可以为生者所用，也可以为死者所用，梦想与现实并不对立；既要有生前的享乐，还要有死后的仙境，更符合人们义无反顾地尽情享乐的心理，也努力实现弃绝凡尘俗世的愿望。这类体育图像才能让愉悦的感觉在生命过程中持续，也试图在死后延续。要把精神变成图像，变成实体才容易被接受。墓葬用特殊情感纽带联系着死者和生者，直观显现着人对死后的想象。在考古发现的魏晋十六国资料积累阶段，对墓葬体育壁画砖的整理和研究主要是分层、分期、分类型、分内容，接下来是探索葬俗、制度、思想、社会。并通过考古资料窥视古人生活中的休闲、娱乐、竞技与养生活动，揣摩其中的体育意识，在探讨古代物质资料的目标中，人们很想知道古人如何进行体育活动。

图像作为墓葬规划设计的一部分，与墓室结构和壁画装饰以及随葬品是有机的组合，它们共同体现人的生死观，如果将体育彩绘砖画置于墓葬的整体环境中解读，也许更有价值。

本研究较多利用了文字记载与砖画图像，尽量弥补材料之间的差异，虽然没有在图像系统与墓葬结构与功能的整体情境下展开，却置于时代和地域背景之下进行了探讨，考察了当时社会的思潮流变，还借鉴考古学的分层成果，如指出河西地区对魏晋十六国墓葬壁画砖的体育图像的各种元素有继承、又有差别等，而大量图像的内容远远超出了宗教的范畴，更多的画面被狩猎、百戏、角抵、博弈、习武、养生等占据。河西魏晋十六国墓葬壁画试图用完美的体育来表达一个民族的感情，表现死者或其家族对祖先、对自身文化的向往，是在浓厚的怀旧情绪下，再造了一个遥远而且逝去的故事。

本课题以研究魏晋十六国时期墓葬体育壁画砖为主，并以之为媒介探讨社会之体育一端。魏晋十六国时期的体育图像处于承接汉代体育画像砖阶段，并随新的体育观念的变化而发展，因此本研究首先叙述魏晋十六国时期以及秦汉体育的发展情况，以见体育的源流，并以魏晋十六国时期墓葬体育彩绘砖画为基础追踪这一时期体育的发展趋势。

本课题主要对考古发现的甘肃河西地区散布的数以万计的魏晋十六国时期的古墓进行考察，以墓葬图像中的体育文化内容为线索展开探索。历史文献用文字表述的体育文化内容过于抽象，而图像描绘的体育形态，折射着人们从感觉到观念，由观念形成习俗和理论的过程。破译视觉图像中的体育文化基因，既可以阐释渊源，也可展示未来，更是了解古代体育的另一有效途径。

总之，丝绸之路的开辟扩大了中外文化交流，导致了魏晋体育实践丰富多彩。当然魏晋时期体育的表现形式虽各有不同，但也有共同的风格，其所包含的文化底蕴却无比丰厚，特别是争、胜、赢的竞技体育和体育精神展现了魏晋人的生活境界。魏晋十六国时期的体育活动纵向上对汉代体育进行了成功的汲取与提炼，在横向上对西域胡人体育进行了合理的吸收与融汇，从而为中华民族传统体育的形成奠定了基础。

后记

魏晋十六国时期的河西历史文献资料十分匮乏，因此学界对河西地域之历史文化与社会生活研究视野非常狭隘，只得依靠考古材料。但内容丰富的墓葬壁画形象直观，它在一定程度上可以弥补古代文献之不足。因此，我们以生命学的视角，来认识人类生命在自然和社会中的种种形态——生存、死亡、命运，心灵的恐惧、痛苦、欢乐与渴求等结下的不解之缘。而体育无疑是人生与人心的一种精神载体。如果我们把体育视为人类文化现象，就不能不在特定的时空条件下认识体育，考察与体育并存于一个大文化圈中的哲学思潮，考察哲学思潮对体育观念的直接和间接的影响，这是我们研究魏晋十六国体育彩绘砖画的宗旨。

在研究过程中，我们还借助先进的科技手段，将图像与体育媒介相互融合，充分运用翔实的图像资料，结合文献典籍，对魏晋十六国时期的体育面貌做了全面、深入的了解。同时，图像不仅具有表达观念、传递思想的功能，而且还具有高度的写实性。所以我们十分重视利用魏晋体育彩绘砖画的图像资料，弥补文字资料记载的不足，达到“以图证史”，最大可能地去复原和认识魏晋时期我们所知甚少的体育面貌，从而得到对中国体育史研究的新思路。

这里记录着我们二十余年的思索和我们对甘肃河西地区魏晋古墓群的探寻。现实是历史的延展，历史是现实的借鉴。在思索和探寻之间，我们更看重的是思索——关于中国古代体育历史的思索。但现实距离我们太近，唯有历史才值得我们投入学术的眼光。尤其是在当前全球经济狂潮中，人们热衷于经济，疏远传统文化。所以，我们要用这本书来表达对优秀传统文化的坚守。

此书篇幅虽然不是太长，却是长期思考之结果。此外，或许可套用一句“厚积而薄发”形容之。言“厚积而薄发”，只是说笔者对学术研究始终抱一种认真负责的态度，不敢说本书如何出色，但终究是我国第一部魏晋墓葬壁画中体育彩绘砖画的研究成果。拙著可商榷乃至谬误之处可想而之，笔者衷心期盼读者批评、指正。

本书能够顺利在甘肃教育出版社出版，首先要感谢全国哲学社会科学规划办公室在本课题立项至完成过程中所给予的一切支持，还要深切感谢甘肃教育出版社领导和编辑的辛勤付出。

本研究我们还要感谢中华书局柴剑虹先生的直接指导和引领，感谢高台县博物馆馆长寇克红的大力支持，同时也要衷心感谢兰州理工大学科技处在项目研究过程中给予的热情支持。

总之，做学问并非易事，没有大家的帮助，拙著是不可能问世的。

二〇二〇年二月二十三日于工大嘉园